職安一點通

職業安全衛生

業務主管

必勝 5 精選 500

一般業

甲乙丙丁種適用
第二版

作者簡歷

蕭中剛

職安衛總複習班名師，人稱蕭技師為蕭大或方丈，是知名職業安全衛生 FB 社團「Hsiao 的工安部屋家族」版主、「Hsiao 的工安部屋」部落格版主，多年來整理及分享的考古題和考試技巧幫助無數考生通過職安考試。

- ✦ 學歷：健行科技大學工業工程與管理系
- ✦ 專業證照：工業安全技師、工礦衛生技師、通過多次職業安全管理甲級、職業衛生管理甲級及職業安全衛生管理乙級。

張嘉峰

職業安全衛生現場工作出身，曾於營造工地、服務業及政府單位服務，半工半讀考取多項安全衛生專業證照，FB 社團「職業災害調查與預防學院」版主，目前任職於國營事業擔任職業安全衛生人員。

- ✦ 學歷：國立清華大學材料科學與工程學系研究所
- ✦ 專業證照：工業安全技師、職業衛生技師、製程安全評估人員、施工安全評估人員、職業安全管理師甲級技術士、職業衛生管理師甲級技術士、職業安全衛生科目 - 公務高考、國營事業考試及格

許曉鋒

從事職業安全衛生管理、輔導與檢查相關工作經驗近 7 年，並曾於事業單位、大專院校擔任職業安全衛生課程講師。

- ✦ 學歷：輔英科技大學職業安全衛生系
- ✦ 專業證照：工業安全技師、工礦衛生技師、甲級職業安全管理、甲級職業衛生管理、乙級職業安全衛生管理、職業安全衛生科目 - 公務普考、公務高考、國營考試及格

王韋傑

曾於六輕化工廠及勞動檢查機構服務，並榮獲勞動檢查員訓練第一名，目前任職於國營事業擔任職業安全衛生人員，具職業安全衛生管理、製程安全管理及勞動檢查相關經驗。

- ✦ 學歷：國立高雄第一科技大學環境與安全衛生工程研究所
- ✦ 專業證照：工業安全技師、工礦衛生技師、甲級職業安全管理、甲級職業衛生管理、製程安全評估人員、職業安全衛生科目 - 二次公務高考考試及格、二次國營事業聯合招考考試及格

目錄

業務主管考試概述及測驗流程簡介

甲乙丙丁種職業安全衛生業務主管介紹與說明

職業安全衛生領域相關證照有許多種，許多考生及讀者常分不清楚無所適從，因此本節先介紹概要認識，根據「職業安全衛生管理辦法」中附表二規定了各行各業應該要設置之職安全衛生管理人員如下：

各類事業之事業單位應置職業安衛生管理人員表

事業		規模（勞工人數）	應置之管理人員
壹、第一類事業之事業單位（顯著風險事業）	營造業之事業單位	一、未滿 30 人者	丙種職業安全衛生業務主管。
		二、30 人以上未滿 100 人者	乙種職業安全衛生業務主管及職業安全衛生管理員各 1 人。
		三、100 人以上未滿 300 人者	甲種職業安全衛生業務主管及職業安全衛生管理員各 1 人。
		四、300 人以上未滿 500 人者	甲種職業安全衛生業務主管 1 人、職業安全（衛生）管理師 1 人及職業安全衛生管理員 2 人。
		五、500 人以上者	甲種職業安全衛生業務主管 1 人、職業安全（衛生）管理師及職業安全衛生管理員各 2 人以上。
	營造業以外之事業單位	一、未滿 30 人者	丙種職業安全衛生業務主管。
		二、30 人以上未滿 100 人者	乙種職業安全衛生業務主管。
		三、100 人以上未滿 300 人者	甲種職業安全衛生業務主管及職業安全衛生管理員各 1 人。
		四、300 人以上未滿 500 人者	甲種職業安全衛生業務主管 1 人、職業安全（衛生）管理師及職業安全衛生管理員各 1 人。

事業		規模（勞工人數）	應置之管理人員
		五、500 人以上未滿 1000 人者	甲種職業安全衛生業務主管 1 人、職業安全（衛生）管理師 1 人及職業安全衛生管理員 2 人。
		六、1000 人以上者	甲種職業安全衛生業務主管 1 人、職業安全（衛生）管理師及職業安全衛生管理員各 2 人以上。
貳、第二類事業之事業單位（中度風險事業）		一、5 人以下者	丁種職業安全衛生業務主管。
		二、6 人以上未滿 30 人者	丙種職業安全衛生業務主管。
		三、30 人以上未滿 100 人者	乙種職業安全衛生業務主管。
		四、100 人以上未滿 300 人者	甲種職業安全衛生業務主管。
		五、300 人以上未滿 500 人者	甲種職業安全衛生業務主管及職業安全衛生管理員各 1 人。
		六、500 人以上者	甲種職業安全衛生業務主管、職業安全（衛生）管理師及職業安全衛生管理員各 1 人以上。
參、第三類事業之事業單位（低度風險事業）		一、5 人以下者	丁種職業安全衛生業務主管。
		二、6 人以上未滿 30 人者	丙種職業安全衛生業務主管。
		三、30 人以上未滿 100 人者	乙種職業安全衛生業務主管。
		四、100 人以上未滿 500 人者	甲種職業安全衛生業務主管。
		五、500 人以上者	甲種職業安全衛生業務主管及職業安全衛生管理員各 1 人。

　　由上表可知，規模 5 人以下之第二、三類事業單位，得設置丁種職業安全衛生業務主管，規模未滿 30 人之事業單位的則是適用「丙種」職業安全衛生業務主管，「甲種」則是適用 100 人以上。其中可以發現，主要資格包含了業務主管、職業安全衛生管理員、職業安全（衛生）管理師等幾種資格，當然除了這幾種之外，也可考取考試院之工業安全技師、職業衛生技師等更高階的執照。

工作的內容差異：

職安衛管理人員	設置狀況	法定責任
甲、乙、丙、丁種職業安全衛生業務主管	未置有職業安全（衛生）管理師、職業安全衛生管理員事業單位之職業安全衛生業務主管	**擬訂**、**規劃**及**推動**安全衛生管理事項。
	置有職業安全（衛生）管理師、職業安全衛生管理員事業單位之職業安全衛生業務主管	**主管**及**督導**安全衛生管理事項。
職業安全（衛生）管理師、職業安全衛生管理員	**擬訂**、**規劃**及**推動**安全衛生管理事項，並**指導**有關部門實施。	

　　職業安全衛生業務主管分為「甲種、乙種、丙種、丁種」，主要差異在於事業單位規模不同所需要不同級的證書，記住喔！他是甲種並非甲級，許多考生常常分不清其中差異。除此之外更分為：「營造業」和「非營造業」（或稱為一般業），營造業的證照名稱前面會加上「營造業」，像是「營造業甲種職業安全衛生業務主管」，非營造業只有「甲種職業安全衛生業務主管」。

　　主管機關勞動部對職業安全衛生訓練職類以「職業安全衛生教育訓練規則」自 102 年 1 月 1 日起已將甲種職業安全衛生業務主管安全衛生教育訓練（含營造業），修訂結訓時須採電腦化測驗方式進行。另於 103 年 1 月 1 日起將乙丙種職業安全衛生業務主管安全衛生教育訓練（含營造業）也修改為電腦化測驗。而以上測驗都是採用四選一的選擇題的方式電腦上機考試，考試期間將測驗 80 題由電腦連線抽題，但題庫並不公開，這樣的考試也跟部分的作業主管測驗類似。

　　管理員及管理師證照是由勞動部技能檢定中心採用技術士之考試進行，「管理師」有兩種，分別是「職業衛生管理師」（衛師、甲衛），也就是甲級職業衛生管理；「職業安全管理師」（安師、甲安）則是甲級職業安全管理，報名者需要先受過相當時數的訓練結訓後符合資格可以報名參加考試。甲級的技術士考試學科採用公開題庫抽題而成，包含複選題及單選題，術科採用申論題的方式紙筆作答。而管理員全名叫做「職業安全衛生管理員」沒有分類別，技術士考試就是乙級職業安全衛生管理，也就是俗稱的「乙安、乙員」，從 110 年

起已經改為電腦化術科測驗，學科及術科都採用電腦上機測驗方式進行，題型包含填充、配合、連連看等。而參加乙級職業安全衛生教育訓練結業的學員，可以直接報名一般業之甲種職業安全衛生業務主管，也就是本書之測驗。

「電腦化測驗」是目前職業安全衛生訓練結訓測驗的趨勢，因為考試方式不同，各有其效果與方便，只是在不同的考試方式中會有不公平的聲音，所以主管機關為達到公平一致性，也可提升考試的效率，也將會逐步的將測驗電腦化，如前文所述，目前職業安全衛生業務主管（含營造業）考試，都是已透過「電腦化測驗」的考試模式來進行。

根據「職業安全衛生教育訓練規則」規定，甲乙丙丁種職業安全衛生業務主管之教材及訓練時數如下：

大項	分項	甲種職業安全衛生業務主管教育訓練課程、時數（42 小時）	乙種職業安全衛生業務主管教育訓練課程、時數（35 小時）	丙種職業安全衛生業務主管教育訓練課程及時數（21 小時）	丁種職業安全衛生業務主管教育訓練課程及時數（6 小時）
法規與通識	一	企業經營風險與安全衛生（含組織協調與溝通）2 小時	企業經營風險與安全衛生（含組織協調與溝通）2 小時	-	-
	二	職業安全衛生相關法規（含職業安全衛生法、勞動檢查法、職業災害勞工保護法、職業安全衛生設施規則、職業安全衛生管理辦法等相關法規）5 小時	職業安全衛生相關法規（含職業安全衛生法、勞動檢檢查法、職業災害勞工保護法、職業安全衛生設施規則、職業安全衛生管理辦法等相關法規）5 小時	職業安全衛生相關法規（含職業安全衛生法、勞動檢查法、職業災害勞工保護法、職業安全衛生設施規則、職業安全衛生管理辦法等相關法規）4 小時	職業安全衛生法規概要（含雇主法定責任）2 小時
	三	職業安全衛生概論 3 小時	職業安全衛生概論 3 小時	職業安全衛生概論 2 小時	-

大項	分項	甲種職業安全衛生業務主管教育訓練課程、時數（42小時）	乙種職業安全衛生業務主管教育訓練課程、時數（35小時）	丙種職業安全衛生業務主管教育訓練課程及時數（21小時）	丁種職業安全衛生業務主管教育訓練課程及時數（6小時）
一般行業管理制度	一	職業安全衛生管理系統（含管理計畫及管理規章）3小時	職業安全衛生管理計畫2小時	職業安全衛生管理計畫2小時	-
	二	風險評估（含危害辨識、製程安全評估、危害控制）3小時	風險評估（含危害辨識、製程安全評估、危害控制）2小時	風險評估（含危害辨識、危害控制）1小時	危害辨識預防1小時
	三	承攬管理（含採購管理及變更管理）4小時	承攬管理（含採購管理）3小時	承攬管理1小時	-
	四	緊急應變管理（含急救）2小時	緊急應變管理（含急救）1小時	-	緊急事故應變處理（含急救常識）1小時
一般行業管理實務（含職災案例研討）	一	墜落危害預防管理實務2小時	墜落危害預防管理實務2小時	職業安全管理實務（含墜落、倒塌崩塌、物體飛落、被夾被捲、被撞、感電及火災爆炸預防）5小時	安全衛生管理實務2小時
	二	機械安全管理實務2小時	機械安全管理實務2小時		
	三	火災爆炸預防管理實務2小時	火災爆炸預防管理實務2小時		
	四	感電危害預防管理實務2小時	感電危害預防管理實務2小時		
	五	倒塌崩塌危害預防管理實務（含物體飛落、被撞危害預防）1小時	倒塌崩塌危害預防管理實務（含物體飛落、被撞危害預防）1小時		
	六	化學性危害預防管理實務（含缺氧危害預防）4小時	化學性危害預防管理實務（含缺氧危害預防）3小時	職業衛生管理實務（含物理性及化學性危害預防）3小時	
	七	物理性危害預防管理實務2小時	物理性危害預防管理實務2小時		

大項	分項	甲種職業安全衛生業務主管教育訓練課程、時數（42 小時）	乙種職業安全衛生業務主管教育訓練課程、時數（35 小時）	丙種職業安全衛生業務主管教育訓練課程及時數（21 小時）	丁種職業安全衛生業務主管教育訓練課程及時數（6 小時）
	八	職場健康管理實務（含生物病原體及身心健康危害預防）3 小時	職場健康管理實務（含生物病原體及身心健康危害預防）2 小時	職場健康管理實務（含生物病原體及身心健康危害預防）2 小時	
	九	職業災害調查處理與統計 2 小時	職業災害調查處理與統計 1 小時	職業災害調查處理 1 小時	

　　綜上之內容可以發現，甲乙丙丁種職業安全衛生業務主管訓練內容皆包含法規、管理制度與專業實務課程，本書之編撰即採用此架構編寫，精選必考之 500 題精華題目，將各個章節考題分門別類後撰寫詳細解析，提供最輕薄且最精華的內容，幫助考生能在這樣的架構下便於學習，可作為每單元之課後練習，在準備考試上更能無往不利！

甲乙丙丁種職業安全衛生業務主管電腦化結訓測驗介紹

　　一般而言，學員參加課程結束之後，訓練單位即會安排電腦測驗，每年的測驗時程通常在職業安全衛生教育訓練網（https://trains.osha.gov.tw/Default.aspx）也可以查詢，而考生只需要配合訓練單位的規劃即可，接著會收到一張准考證，上面會記載個人資訊以及測驗時間地點，只需要細讀本書，在考試當天到考場參加即可，記得要攜帶個人身分證件喔！

　　考試時採一位考生一台電腦的方式，中間會有隔板，一開始會有幾分鐘的介面導覽，除此之外會有 3 分鐘的練習題時間，會有比照正式考試的練習介面供考生練習（不計分），而後正式開始考試，考試介面如下示意圖：

職業安全衛生教育訓練管理職類測驗

姓名：　　　　　　　　　　　　　　　測驗名稱：營造業甲種職業安全衛生主管教育訓練

准考證號碼：

放大字型　縮小字型　剩餘時間： 24：30 　　　　　　　　　　提前結束測驗

下一題　　上一題　　取消作答　　　　　　　　　查詢未作答題號　　到第 ☐ 題

1. 對勞工於高差超過多少公尺以上之場所作業時，應設置能使勞工安全上下之設備？

⭕ (1)1.5

⭕ (2)0.5

⭕ (3)1.3

⭕ (4)1

已上傳答題數：80（完整為 80 題）

　　考試結束後會當場收到一張 A4 成績單顯示各單元得分比例以及分數。通常需繳交證照費用後由訓練單位統一製發證照（有的則是當場幾小時後發放）。除此之外未來亦可於網站中查詢訓練成績以及訓練紀錄：職業安全衛生教育訓練資訊網（https://lsh.etest.org.tw/LSHweb/PM/QueryScore.asp）。

職業安全衛生教育訓練管理職類結訓測驗

成 績 單

測驗單位：▨▨▨▨▨▨▨▨▨▨▨▨

測驗職類：甲種職業安全衛生業務主管安全衛生教育訓練　　測驗日期：▨▨▨▨▨▨

姓　名：▨▨▨　　　　　　　　　　　　　　身分證統一編號：▨▨▨▨▨▨

場次座號：▨▨▨▨　　　　　　　　　　　　　准考證號碼：▨▨▨▨▨▨▨

及格分數：60/100　　　　　　　原始分數：76.25/100　　　　　　成績：及格

工作項目	正確率(正確題數/抽題數)		得分
01企業經營風險與安全衛生		(75%)	3.75
02職業安全衛生相關法規		(75%)	7.5
03職業安全衛生概論		(67%)	5
04職業安全衛生管理系統介紹		(83%)	6.25
05風險評估		(83%)	6.25
06承攬管理		(100%)	5
07採購管理		(83%)	6.25
08緊急應變管理		(50%)	2.5
09墜落危害預防管理實務		(50%)	2.5
10機械安全管理實務		(100%)	5
11火災爆炸預防管理實務		(75%)	3.75
12感電危害預防管理實務		(100%)	5
13倒塌崩塌危害預防管理實務		(100%)	2.5
14化學性危害預防管理實務		(50%)	3.75
15物理性危害預防管理實務		(75%)	3.75
16健康管理與健康促進		(75%)	3.75
17職業災害調查處理與統計		(75%)	3.75

原始分數	扣考	扣分	成績修改原因	實得分數
76.25	N	N		76.25

說明：　一、 台端參加**職業安全衛生教育訓練管理職類結訓測驗**，成績評定如上表。

　　　　二、 台端對上述測驗成績單如有異議，應於測驗當日取得成績單後十日內向測驗單位(**中國勞工安全衛生管理學會附設台北職業訓練中心**)申請複查，以一次為限。

　　　　三、 依規定成績(六十分含以上)及格。本通知單請妥為保存。

測驗後成績單樣本

證書樣本

　　至此，恭喜各位考生順利通過考試，也期待您更上一層樓，未來不論是乙級、甲級，職安類公務人員或是國營事業，甚至技師考試，職安一點通系列叢書會是您在職安衛類相關考試的好幫手！

1

法規與通識

1-1 **企業經營風險與安全衛生** 甲 乙 丙 丁
(含組織協調與溝通)

01

(3) 依職業安全衛生教育訓練規則規定，下列何者為甲種職業安全衛生
業務主管應接受職業安全衛生在職教育訓練之時數？
① 每 2 年至少 3 小時　　　　② 每年至少 2 小時
③ 每 2 年至少 6 小時　　　　④ 每年至少 6 小時

解析　依據「職業安全衛生教育訓練規則」第 18 及 19 條規定，雇主對擔
任下列工作之勞工，應依其工作性質施以規定時數之安全衛生在職
教育訓練。

一、職業安全衛生業務主管。	**每 2 年至少 6 小時**
二、職業安全衛生管理人員。	每 2 年至少 12 小時
三、勞工健康服務護理人員及勞工健康服務相關人員。	每 3 年至少 12 小時
四、勞工作業環境監測人員。	每 3 年至少 6 小時
五、施工安全評估人員及製程安全評估人員。	每 3 年至少 6 小時
六、高壓氣體作業主管、營造作業主管及有害作業主管。	每 3 年至少 6 小時

七、具有危險性之機械或設備操作人員。　　　　每 3 年至少 3 小時

八、特殊作業人員。　　　　每 3 年至少 3 小時

九、急救人員。　　　　每 3 年至少 3 小時

十、各級管理、指揮、監督之業務主管。　　　　每 3 年至少 3 小時

十一、職業安全衛生委員會成員　　　　每 3 年至少 3 小時

十二、下列作業之人員：　　　　每 3 年至少 3 小時

　　　（一）營造作業。

　　　（二）車輛系營建機械作業。

　　　（三）起重機具吊掛搭乘設備作業。

　　　（四）缺氧作業。

　　　（五）局限空間作業。

　　　（六）氧乙炔熔接裝置作業。

　　　（七）製造、處置或使用危害性化學品作業。

十三、前述各款以外之一般勞工。　　　　每 3 年至少 3 小時

十四、其他經中央主管機關指定之人員。

02

（ 2 ）企業若要能永續經營，何為其經營策略？
　　①偏重生產效率　　　　②經營績效與安全衛生並重
　　③只關注經營績效　　　　④政商關係良好

解析　企業要永續經營，需要經營績效與安全衛生並重。

03

（ 3 ）職業安全衛生政策是企業安全衛生管理的最高指導原則，所以何者需要核可職業安全衛生政策？
　　①政府機關　　　　②勞工
　　③雇主　　　　④客戶

解析 臺灣職業安全衛生管理系統指引第 4 點

職業安全衛生管理系統遵守國家法令規章的各項安全衛生要求，及保障員工的職業安全衛生是雇主的責任和義務，雇主應對組織的職業安全衛生活動展現強烈的領導作用及承諾，並提供合理的安排，以建立職業安全衛生管理系統。

組織所建立的職業安全衛生管理系統，包括政策、組織設計、規劃與實施、評估和改善措施五個主要要素。

04

(4) 一群人為達特定目的，經由一定程序去組成的團體係指下列何者？
① 規劃　　　　　　　　　② 控制
③ 溝通　　　　　　　　　④ 組織

解析
- 組織：為達成某種特定的目的，人們有系統的結合。
- 目標：組織所要追求、達成的境界或是努力的方向。
- 結構：組織發展出的系統化秩序，用以釐清並限制成員的權限及行為。
- 規劃：設定目標及形成未達成目標、因應未來環境變化之策略，發展一套有系統的計畫和行動方案來整合及協調各種活動的程序。
- 領導：指導及影響組織成員，激發其努力之意願，選擇有效的溝通管道或解決紛爭，以完成組織目標的過程。
- 控制：監控及衡量組織成員的實際成效，並糾正任何缺失，以確保實際活動和組織目標或計劃一致。
- 溝通：組織成員之間，有關思想、觀念的交流，信息、情報資料的收集與傳遞等活動。

05

（ 4 ）　安全溝通之目的，下列何者非？
　　　　①降低災害發生率　　　　　②達成安全意識
　　　　③提供安全資訊　　　　　　④主張個人安全看法

解析　　安全溝通的目的為：提供安全資訊，並達成安全意識，以降低災害發生率。

06

（ 2 ）　當建立安全衛生工作環境時，組織管理層面屬於下列何者？
　　　　①健康管理　　　　　　　　②領導風格
　　　　③工作姿勢　　　　　　　　④職場暴力預防

解析　　建立安全工作環境時，領導風格屬於組織管理層面，並受其影響。

07

（ 1 ）　為利於執行危害辨識工作，一般將危害分為五大類，下列何者非屬五大類危害之範圍？
　　　　①生理性　　　　　　　　　②人因性
　　　　③物理性　　　　　　　　　④化學性

解析　　5 大類危害分別為：物理性、化學性、生物性、人因性及社會心理性。

08

（ 4 ）　溝通之流程有 1.解碼 2.編碼 3.管道 4.接收者 5.傳送者，下列何者為其正確的流程？
　　　　① 43125　　　　　　　　　② 25314
　　　　③ 53214　　　　　　　　　④ 52314

解析　　溝通首先由傳送者發起編碼過的信息，再經過傳輸管道後進行解碼，最後接收者接收傳送者所欲表達的信息。

09

（ 4 ） 有效溝通的基本原則，下列何者為非？

① 設身處地　　　　　　② 心胸開放

③ 就事論事　　　　　　④ 堅持己見

| **解析**　溝通中一直堅持己見僅是單向的傳遞信息，無法進行雙向的有效溝通。

10

（ 3 ） 在組織中，心理或行為所引起協調與溝通不良的原因，下列何者為非？

① 刻板印象　　　　　　② 文化差異

③ 飲食差異　　　　　　④ 知覺差異

| **解析**　群體中個別飲食差異並非引起協調或溝通不良的主因。

11

（ 4 ） 溝通協調可以活化安全教育成效，比課堂上的講授更具功效，溝通協調之主要項目下列何者為非？

① 安全協談　　　　　　② 安全接談

③ 安全會議　　　　　　④ 安全規避

| **解析**　安全規避並非溝通協調的主要項目。

12

（ 1 ） 在溝通過程中，我們要把訊息傳送給他人，不但要透過不同的管道，也要經由編碼與解碼的過程，下列何種情況在傳送訊息上，會產生溝通障礙？

① 環境干擾　　　　　　② 距離較近

③ 組織不大　　　　　　④ 工具靈活

| **解析**　如果溝通的環境發生干擾，將會影響溝通的通順程度，進而產生溝通障礙。

13

（ 4 ） 有關安全衛生運動設計的理念，下列何者為非？
① 尊重生命　　　　　　　② 關懷安全
③ 保障勞工生命安全與健康　④ 雇主的利益

| 解析　安全衛生運動設計的理念為尊重生命、關懷安全及保障勞工生命安全與健康。

14

（ 3 ） 發揮安全衛生組織功能的主要關鍵為下列何者？
① 建立安全衛生管理計畫　② 研議安全衛生教育訓練計畫
③ 良好溝通與協調　　　　④ 研議各項安全衛生提案

| 解析　發揮安全衛生組織功能的主要關鍵為良好溝通與協調。

15

（ 4 ） 組織中最會影響溝通的效果為何？
① 刻板印象　　　　　　　② 知覺差異
③ 文化差異　　　　　　　④ 身分差異

| 解析　組織中最會影響溝通的效果為身分差異。

16

（ 1 ） 將5S中之哪一項是指將要與不要的物品加以區分，將不要的加以清除？
① 整理　　　　　　　　　② 整頓
③ 清掃　　　　　　　　　④ 清潔

| 解析　1. 整理（**SEIRI**）：區分要與不要的東西，不要的加以清除。

2. 整頓（SEITON）：將要的東西擺放並標示整齊。

3. 清掃（SEISO）：清除工作場所內的髒亂。

4. 清潔（SEIKETSU）：維持工作場所整齊、乾淨，並預防不清潔狀況之發生。

5. 素養（SHITSUKE）：依規定做事，並養成良好習慣。

17

（ 3 ）　下列何者為服從事業單位所制定之安全規範，以維護工作安全，避免意外事件之發生？

①敬業　　　　　　　　　②協同

③守紀　　　　　　　　　④服務

| 解析　遵守紀律為服從事業單位所制定之安全規範，以維護工作安全，避免意外事件之發生。

18

（ 2 ）　下列何種不良情況往往是引發組織問題發生衝突的導火線？

①傳達與溝通　　　　　　②溝通與協調

③協調與態度　　　　　　④傳達與協調

| 解析　溝通不良與未及時協調往往是引發組織問題與發生衝突的導火線。

19

（ 4 ）　事業單位常見之職場不法侵害態樣，下列何者為非？

①肢體暴力　　　　　　　②損毀名譽

③過低或過高的工作標準　④要求參加一般健康檢查

| 解析　參加「一般健康檢查」是勞工三義務之一。

20

（ 3 ） 工廠推動 5S，通常不包含下列何者？

① 整理　　　　　　　　　　② 教養

③ 微笑　　　　　　　　　　④ 整頓

解析　5S 包含：

1. 整理（SEIRI）：區分要與不要的東西，不要的加以清除。

2. 整頓（SEITON）：將要的東西擺放並標示整齊。

3. 清掃（SEISO）：清除工作場所內的髒亂。

4. 清潔（SEIKETSU）：維持工作場所整齊、乾淨，並預防不清潔狀況之發生。

5. 素養（SHITSUKE）：依規定做事，並養成良好習慣。

1-2 職業安全衛生相關法規 甲 乙 丙 丁

（ 含職業安全衛生法、勞動檢查法、職業災害勞工保護法、職業安全衛生設施規則、職業安全衛生管理辦法等相關法規 ）

01

（ 4 ） 某公司之職業安全衛生管理員，最近因家庭因素暫時無法執行職務，下列有關職業安全衛生管理辦法規定之敘述，何者有誤？

① 雇主可找具有職業安全衛生管理師資格暫時代理之

② 雇主應指定之代理人，代理期間不得超過三個月

③ 雇主應指定適當代理人

④ 無須代理人，但必須報當地主管機關備查

| 解析　職業安全衛生管理辦法第 8 條

職業安全衛生人員因故未能執行職務時，雇主應即指定適當代理人。其代理期間不得超過 **3** 個月。

勞工人數在 30 人以上之事業單位，其職業安全衛生人員離職時，應即報當地勞動檢查機構備查。

02

（ 1 ）依職業安全衛生法規定，雇主執行勞工體格檢查、健康檢查，應由醫療機構之醫師為之，所指醫療機構應由中央主管機關會商下列何單位認可？
①中央衛生主管機關　　　　②職業疾病鑑定委員會
③勞動檢查機構　　　　　　④職業傷病防治中心

| 解析　職業安全衛生法第 20 條

雇主於僱用勞工時，應施行體格檢查；對在職勞工應施行下列健康檢查：

一、一般健康檢查。

二、從事特別危害健康作業者之特殊健康檢查。

三、經中央主管機關指定為特定對象及特定項目之健康檢查。

前項檢查應由中央主管機關會商中央衛生主管機關認可之醫療機構之醫師為之；檢查紀錄雇主應予保存，並負擔健康檢查費用；實施特殊健康檢查時，雇主應提供勞工作業內容及暴露情形等作業經歷資料予醫療機構。

03

（ 1 ） 職業安全衛生人員因故未能執行職務時，雇主應即指定之代理人，依職業安全衛生管理辦法規定，其代理期間不得超過幾個月？
① 3 　　　　　　　　　　　② 4
③ 1 　　　　　　　　　　　④ 2

┃解析 職業安全衛生管理辦法第 8 條

職業安全衛生人員因故未能執行職務時，雇主應即指定適當代理人。其代理期間不得超過 **3** 個月。

勞工人數在 30 人以上之事業單位，其職業安全衛生人員離職時，應即報當地勞動檢查機構備查。

04

（ 2 ） 依職業安全衛生管理辦法規定，某公司勞工人數未滿 **30** 人，其職業安全衛生人員之設置，下列何者正確？
① 職業安全衛生人員應為專職
② 職業安全衛生業務主管得由該公司經營負責人擔任
③ 至少置甲種職業安全衛生業務主管 1 人
④ 所置職業安全衛生人員應報勞動檢查機構備查

┃解析 職業安全衛生管理辦法第 4 條

事業單位勞工人數未滿 30 人者，雇主或其代理人經職業安全衛生業務主管安全衛生教育訓練合格，得擔任該事業單位職業安全衛生業務主管。但屬第二類及第三類事業之事業單位，且勞工人數在 5 人以下者，得由經職業安全衛生教育訓練規則第三條附表一所列丁種職業安全衛生業務主管教育訓練合格之雇主或其代理人擔任。

05

（ 4 ） 雇主設置之安全門及其通道，依職業安全衛生設施規則規定，應如何辦理？

① 安全門於勞工工作期間內不得上鎖，其通道得堆置少數物品

② 安全門於勞工工作期間內得上鎖，其通道不得堆置物品

③ 安全門於勞工工作期間內得上鎖，其通道得堆置物品

④ 安全門於勞工工作期間內不得上鎖，其通道不得堆置物

解析 職業安全衛生設施規則第 27 條

雇主設置之安全門及安全梯於勞工工作期間內不得上鎖，其通道不得堆置物品。

06

（ 4 ） 職業安全衛生法所稱之安全衛生組織為下列何者？

① 職業安全衛生諮詢會 　　　② 工會

③ 勞資會議 　　　　　　　　④ 職業安全衛生委員會

解析 職業安全衛生管理辦法第 5-1 條

職業安全衛生組織、人員、工作場所負責人及各級主管之職責如下：

一、職業安全衛生管理單位：擬訂、規劃、督導及推動安全衛生管理事項，並指導有關部門實施。

二、職業安全衛生委員會：對雇主擬訂之安全衛生政策提出建議，並審議、協調及建議安全衛生相關事項。

07

（ 3 ） 依職業安全衛生設施規則規定，動力堆高機之載物架，最多可載幾人？

① 3　　　　　　　　　　　② 2

③不可載人　　　　　　　　④ 1

│解析 職業安全衛生設施規則第 116 條

雇主對於勞動場所作業之車輛機械，應使駕駛者或有關人員負責執行下列事項：

一、除非所有人員已遠離該機械，否則不得起動。但駕駛者依規定就位者，不在此限。

二、車輛系營建機械及堆高機，除乘坐席位外，於作業時不得搭載勞工。

三、車輛系營建機械作業時，禁止人員進入操作半徑內或附近有危險之虞之場所。但駕駛者依規定就位者或另採安全措施者，不在此限。

四、應注意遠離帶電導體，以免感電。

五、應依製造廠商規定之安全度及最大使用荷重等操作。

六、禁止停放於有滑落危險之虞之斜坡。但已採用其他設備或措施者，不在此限。

七、禁止夜間停放於交通要道。

八、不得使動力系挖掘機械於鏟、鍬、吊斗等，在負載情況下行駛。

九、不得使車輛機械供為主要用途以外之用途。但使用適合該用途之裝置無危害勞工之虞者，不在此限。

十、不得使勞工搭載於堆高機之貨叉所承載貨物之托板、撬板及其他堆高機（乘坐席以外）部分。但停止行駛之堆高機，已採取防止勞工墜落設備或措施者，不在此限。

十一、駕駛者離開其位置時，應將吊斗等作業裝置置於地面，並將原動機熄火、制動，並安置煞車等，防止該機械逸走。

十二、堆高機於駕駛者離開其位置時，應採將貨叉等放置於地面，並將原動機熄火、制動。

十三、車輛及堆高機之修理或附屬裝置之安裝、拆卸等作業時，於機臂、突樑、升降台及車台，應使用安全支柱、絞車等防止物體飛落之設施。

十四、使用座式操作之配衡型堆高機及側舉型堆高機，應使擔任駕駛之勞工確實使用駕駛座安全帶。但駕駛座配置有車輛傾倒時，防止駕駛者被堆高機壓傷之護欄或其他防護設施者，不在此限。

十五、車輛機械之作業或移動，有撞擊工作者之虞時，應置管制引導人員。

08

（ 2 ） 依勞工作業環境監測實施辦法定義，下列何者係指雇主使勞工每日作業時間在 1 小時以內者？

①非例行性作業　　　　　②作業時間短暫

③臨時性作業　　　　　　④作業期間短暫

解析　勞工作業環境監測實施辦法第 2 條

本辦法用詞：四、作業時間短暫：指雇主使勞工每日作業時間在 1 小時以內者。

09

(3) 職業安全衛生委員會之勞工代表產生方式，依職業安全管理辦法規定，事業單位無工會組織而有勞資會議者，勞工代表應如何產生？
①由會議主席裁示之　　　　②由勞資雙方投票選定之
③由勞方代表推選之　　　　④由資方代表推選之

解析　職業安全衛生管理辦法第 11 條

委員會置委員 7 人以上，除雇主為當然委員及第 5 款規定者外，由雇主視該事業單位之實際需要指定下列人員組成：

一、職業安全衛生人員。

二、事業內各部門之主管、監督、指揮人員。

三、與職業安全衛生有關之工程技術人員。

四、從事勞工健康服務之醫護人員。

五、勞工代表。

委員任期為 2 年，並以雇主為主任委員，綜理會務。

委員會由主任委員指定 1 人為秘書，輔助其綜理會務。

第 1 項第 5 款之勞工代表，應佔委員人數 1/3 以上；事業單位設有工會者，由工會推派之；無工會組織而有勞資會議者，由勞方代表推選之；無工會組織且無勞資會議者，由勞工共同推選之。

10

(3) 依職業安全衛生設施規則規定，應採取聽力保護措施之工作場所為勞工 8 小時日時量平均音壓級超過多少分貝？
① 90　　　　　　　　　　② 95
③ 85　　　　　　　　　　④ 80

解析　職業安全衛生設施規則第 300-1 條

雇主對於勞工 8 小時日時量平均音壓級超過 85 分貝或暴露劑量超過 50% 之工作場所，應採取下列聽力保護措施，作成執行紀錄並留存 3 年：

一、噪音監測及暴露評估。

二、噪音危害控制。

三、防音防護具之選用及佩戴。

四、聽力保護教育訓練。

五、健康檢查及管理。

六、成效評估及改善。

前項聽力保護措施，事業單位勞工人數達 100 人以上者，雇主應依作業環境特性，訂定聽力保護計畫據以執行；於勞工人數未滿 100 人者，得以執行紀錄或文件代替。

11

（ 2 ）　依據職業安全衛生管理辦法規定，某保險公司全省各據點勞工合計達 **3,500** 人，總公司之職業安全衛生人員應如何設置？
①置職業安全衛生管理員 2 人
②置甲種職業安全衛生業務主管及職業安全衛生管理員各 1 人
③置職業安全管理師 1 人
④置職業衛生管理師 1 人

｜解析　「職業安全衛生管理辦法」第 6 條之規定：保險公司為第三類事業總機構管理單位及管理人員設置如下：

規　模	勞工人數		專責	一級管理單位	甲業	乙員	甲師	專職
第一類事業	500 人以上	500-999 人	專責	一級管理單位	1	1		全部專職
		1000 人以上	專責	一級管理單位	1	1	1	
第二類事業	500 人以上	500-999 人	--	一級管理單位	1	1		
		1000 人以上	--	一級管理單位	1	1	1	
第三類事業	3000 人以上		--	管理單位	1	1		

備註：上表所置管理人員，應為專職。但第二類及第三類事業之職業安全衛生業務主管，不在此限。

勞工人數之計算：

● 包含原事業單位、承攬人、再承攬人分別所僱用之勞工於同一期間、同一工作場所作業時之總人數。

● 總機構者，其勞工人數之計算：包含所屬各地區事業單位作業勞工之人數。

12

（ 2 ） 雇主對於升降機之升降路各樓出入口門，依職業安全衛生設施規則規定，應有連鎖裝置，使搬器地板與樓板相差幾公分以上時，升降路出入口門不能開啟之？
① 4　　　　　　　　　② 7.5
③ 1　　　　　　　　　④ 2

解析　職業安全衛生設施規則第 95 條

雇主對於升降機之升降路各樓出入口門，應有連鎖裝置，使搬器地板與樓板相差 **7.5** 公分以上時，升降路出入口門不能開啟之。

13

（ 2 ） 雇主對機械、設備實施定期檢查、重點檢查或作業檢點，依職業安全衛生管理辦法規定，應訂定下列何種計畫？
① 災害防止計畫　　　　② 自動檢查計畫
③ 損失防阻計畫　　　　④ 機械設備維修計畫

解析　職業安全衛生管理辦法第 79 條

雇主依第 13 條至第 63 條規定實施之自動檢查，應訂定自動檢查計畫。

14

（ 1 ） 依職業安全衛生相關法規，雇主使勞工從事下列何種有害物質作業時，應使勞工就其作業有關事項實施檢點？
① 有機溶劑作業　　　　② 異常氣壓作業
③ 噪音作業　　　　　　④ 高溫作業

解析　選項中只有①有機溶劑為物質，其他為能量的形式。

15

（ 2 ） 依職業安全衛生法規定，雇主不得使產後未滿 1 年之女性勞工從事之危險性或有害性工作為何？
① 噪音作業
② 鑿岩機及其他有顯著振動之作業
③ 堆高機操作之工作
④ 有害輻射散布場所之作業

解析 職業安全衛生法第 30 條第 2 項

雇主不得使分娩後未滿 1 年之女性勞工從事下列危險性或有害性工作：

一、礦坑工作。

二、鉛及其化合物散布場所之工作。

三、鑿岩機及其他有顯著振動之工作。

四、一定重量以上之重物處理工作。

五、其他經中央主管機關規定之危險性或有害性之工作。

16

（ 3 ） 對於良導體設備內從事檢修作業使用之手提式照明燈，依職業安全衛生設施規則規定，其電壓不得超過多少伏特？
① 110　　② 12
③ 24　　④ 9

解析 職業安全衛生設施規則第 249 條

雇主對於良導體機器設備內之檢修工作所用之手提式照明燈，其使用電壓不得超過 24 伏特，且導線須為耐磨損及有良好絕緣，並不得有接頭。

17

（ 2 ） 雇主對於高壓電氣設備及低壓電氣設備，依職業安全衛生管理辦法規定，應每隔多久定期實施檢查 1 次？
① 半年
② 1 年
③ 2 年
④ 3 個月

| 解析 　職業安全衛生管理辦法第 30 條

雇主對高壓電氣設備，應於每年依下列規定定期實施檢查 1 次：

一、高壓受電盤及分電盤（含各種電驛、儀表及其切換開關等）之動作試驗。

二、高壓用電設備絕緣情形、接地電阻及其他安全設備狀況。

三、自備屋外高壓配電線路情況。

職業安全衛生管理辦法第 31 條

雇主對於低壓電氣設備，應每年依下列規定定期實施檢查 1 次：

一、低壓受電盤及分電盤（含各種電驛、儀表及其切換開關等）之動作試驗。

二、低壓用電設備絕緣情形，接地電阻及其他安全設備狀況。

三、自備屋外低壓配電線路情況。

18

（ 1 ） 依勞動檢查法規定，領有代行檢查證執行代行檢查職務之人員為何？
① 代行檢查員
② 職業安全衛生管理人員
③ 稽查員
④ 勞動檢查員

| 解析 　勞動檢查法第 3 條

一、勞動檢查機構：指中央或直轄市主管機關或有關機關為辦理勞動檢查業務所設置之專責檢查機構。

二、代行檢查機構：指由中央主管機關指定為辦理危險性機械或設備檢查之行政機關、學術機構或非營利法人。

三、勞動檢查員：指領有勞動檢查證執行勞動檢查職務之人員。

四、代行檢查員：指領有代行檢查證執行代行檢查職務之人員。

19

（ 2 ）　高壓氣體容器外表顏色，依職業安全衛生設施規則規定，是否可以擅自變更？

①得　　　　　　　　　　②不得

③可部分變更　　　　　　④無明文規定

| 解析　職業安全衛生設施規則第 106 條

雇主使用於儲存高壓氣體之容器，不論盛裝或空容器，應依下列規定辦理：

一、確知容器之用途無誤者，方得使用。

二、容器應標明所裝氣體之品名，不得任意灌裝或轉裝。

三、容器外表顏色，不得擅自變更或擦掉。

四、容器使用時應加固定。

五、容器搬動不得粗莽或使之衝擊。

六、焊接時不得在容器上試焊。

七、容器應妥善管理、整理。

20

（ 1 ） 依職業安全衛生設施規則規定，下列何者屬於特高壓電路（kV）？

① 25　　　　　　　　　　　② 6.9

③ 12.5　　　　　　　　　　④ 11.4

┃解析　職業安全衛生設施規則第 3 條

特高壓，係指超過 **22,800 伏特之電壓**；

高壓，係指超過 600 伏特至 22,800 伏特之電壓；

低壓，係指 600 伏特以下之電壓。

【1kV=1,000V（伏特）】

21

（ 1 ） 職業安全衛生委員會，依職業安全衛生管理辦法規定，應置委員幾人以上？

① 7　　　　　　　　　　　② 6

③ 4　　　　　　　　　　　④ 5

┃解析　職業安全衛生管理辦法第 11 條

委員會置委員 **7 人以上**，除雇主為當然委員及第 5 款規定者外，由雇主視該事業單位之實際需要指定下列人員組成：

一、職業安全衛生人員。

二、事業內各部門之主管、監督、指揮人員。

三、與職業安全衛生有關之工程技術人員。

四、從事勞工健康服務之醫護人員。

五、勞工代表。

委員任期為 2 年，並以雇主為主任委員，綜理會務。

委員會由主任委員指定 1 人為秘書，輔助其綜理會務。

第 1 項第 5 款之勞工代表，應佔委員人數 1/3 以上；事業單位設有工會者，由工會推派之；無工會組織而有勞資會議者，由勞方代表推選之；無工會組織且無勞資會議者，由勞工共同推選之。

22

（ 3 ） 依職業安全衛生法，勞工不遵守安全衛生工作守則之罰鍰，由下列何單位處分？
　　①警察機關　　　　　　　②雇主
　　③主管機關　　　　　　　④法院

│解析　職業安全衛生法第 3 條

本法所稱主管機關：在中央為勞動部；在直轄市為直轄市政府；在縣（市）為縣（市）政府。

23

（ 1 ） 職業安全衛生法之中央主管機關為下列何者？
　　①勞動部（前行政院勞工委員會）
　　②內政部
　　③經濟部
　　④衛生福利部

│解析　職業安全衛生法第 3 條

本法所稱主管機關：在中央為勞動部；在直轄市為直轄市政府；在縣（市）為縣（市）政府。

24

（ 4 ）　職業安全衛生法之立法意旨，在於防止職業災害，保障何者之安全
　　　　與健康？
　　　　① 消費者　　　　　　　　　② 民眾
　　　　③ 雇主　　　　　　　　　　④ 工作者

解析　職業安全衛生法第 1 條

為防止職業災害，保障工作者安全及健康，特制定本法；其他法律
有特別規定者，從其規定。

25

（ 3 ）　依職業安全衛生法規定，雇主訂定適合其需要之安全衛生工作守
　　　　則，應會同何者？
　　　　① 領班　　　　　　　　　　② 勞動檢查機構
　　　　③ 勞工代表　　　　　　　　④ 主管機關

解析　職業安全衛生法第 34 條

雇主應依本法及有關規定會同勞工代表訂定適合其需要之安全衛生
工作守則，報經勞動檢查機構備查後，公告實施。

26

（ 4 ）　事業單位發生重大職業災害時，依職業安全衛生法規定，雇主未於
　　　　時限內通報勞動檢查機構，依法可處之罰鍰為新臺幣 3 萬元以上多
　　　　少萬元以下？
　　　　① 6　　　　　　　　　　　② 3
　　　　③ 15　　　　　　　　　　　④ 30

解析　職業安全衛生法第 37 條

事業單位工作場所發生職業災害，雇主應即採取必要之急救、搶救
等措施，並會同勞工代表實施調查、分析及作成紀錄。

事業單位勞動場所發生下列職業災害之一者，雇主應於 **8 小時內通報勞動檢查機構**：

一、發生死亡災害。

二、發生災害之罹災人數在 3 人以上。

三、發生災害之罹災人數在 1 人以上，且需住院治療。

四、其他經中央主管機關指定公告之災害。

勞動檢查機構接獲前項報告後，應就工作場所發生死亡或重傷之災害派員檢查。

事業單位發生第 2 項之災害，除必要之急救、搶救外，雇主非經司法機關或勞動檢查機構許可，不得移動或破壞現場。

職業安全衛生法第 43 條

有下列情形之一者，處新臺幣 3 萬元以上 30 萬元以下罰鍰：

一、違反第 10 條第 1 項、第 11 條第 1 項、第 23 條第 2 項之規定，經通知限期改善，屆期未改善。

二、違反第 6 條第 1 項、第 12 條第 1 項、第 3 項、第 14 條第 2 項、第 16 條第 1 項、第 19 條第 1 項、第 24 條、第 31 條第 1 項、第 2 項或第 **37 條第 1 項、第 2 項之規定**；違反第 6 條第 2 項致發生職業病。

三、違反第 15 條第 1 項、第 2 項之規定，並得按次處罰。

四、規避、妨礙或拒絕本法規定之檢查、調查、抽驗、市場查驗或查核。

27

（ 2 ） 下列何種法律規定危險性工作場所開工前之審查、檢查事項？

① 勞動基準法　　　　　　② 勞動檢查法

③ 就業服務法　　　　　　④ 職業安全衛生法

解析　勞動檢查法第 26 條

下列危險性工作場所，非經勞動檢查機構審查或檢查合格，事業單位不得使勞工在該場所作業：

一、從事石油裂解之石化工業之工作場所。

二、農藥製造工作場所。

三、爆竹煙火工廠及火藥類製造工作場所。

四、設置高壓氣體類壓力容器或蒸汽鍋爐，其壓力或容量達中央主管機關規定者之工作場所。

五、製造、處置、使用危險物、有害物之數量達中央主管機關規定數量之工作場所。

六、中央主管機關會商目的事業主管機關指定之營造工程之工作場所。

七、其他中央主管機關指定之工作場所。

前項工作場所應審查或檢查之事項，由中央主管機關定之。

28

（ 4 ） 事業單位違反勞動檢查機構所發之停工通知者，依勞動檢查法規定，可處以下何種處分？
① 無處分　　　　　　　② 罰鍰
③ 無期徒刑　　　　　　④ 3 年以下有期徒刑

解析　勞動檢查法第 34 條

有左列情形之一者，處 3 年以下有期徒刑、拘役或科或併科新臺幣 15 萬元以下罰金：

一、違反第 26 條規定，使勞工在未經審查或檢查合格之工作場所作業者。

二、違反第 27 條至第 29 條停工通知者。

法人之代表人、法人或自然人之代理人、受僱人或其他從業人員，因執行業務犯前項之罪者，除處罰其行為人外，對該法人或自然人亦科以前項之罰金。

29

（ 3 ） 勞工職業災害保險及保護法，可投保之身分為何者為非？
①勞動基準法規定之技術生　　②受僱於領有執業證照者
③公保之公職人員　　　　　　④實際從事勞動之雇主

｜解析 勞工職業災害保險及保護法第 6 條

年滿十五歲以上之下列勞工，應以其雇主為投保單位，參加本保險為被保險人：

一、受僱於領有執業證照、依法已辦理登記、設有稅籍或經中央主管機關依法核發聘僱許可之雇主。

二、依法不得參加公教人員保險之政府機關（構）、行政法人及公、私立學校之受僱員工。

前項規定，於依勞動基準法規定未滿十五歲之受僱從事工作者，亦適用之。

下列人員準用第一項規定參加本保險：

一、勞動基準法規定之技術生、事業單位之養成工、見習生及其他與技術生性質相類之人。

二、高級中等學校建教合作實施及建教生權益保障法規定之建教生。

三、其他有提供勞務事實並受有報酬，經中央主管機關公告者。

第 9 條

下列人員得準用本法規定參加本保險：

一、受僱於經中央主管機關公告之第六條第一項規定以外雇主之員工。

二、實際從事勞動之雇主。

三、參加海員總工會或船長公會為會員之外僱船員。

前項人員參加本保險後，非依本法規定，不得中途退保。

第一項第二款規定之雇主，應與其受僱員工，以同一投保單位參加本保險。

僱用勞工合力從事海洋漁撈工作之漁會甲類會員，其僱用人數十人以下，且仍實際從事海洋漁撈工作者，得依第七條第二款規定參加本保險，不受前項規定之限制。

選項③投保公保之公職人員依公教人員保險法第 6 條，該法被保險人不得另行參加勞工保險、軍人保險、農民健康保險（以下簡稱其他職域社會保險）或國民年金保險。

30

（ 2 ）可燃性氣體及氧氣鋼瓶，依職業安全衛生設施規則規定，應如何儲存？
① 得混和儲存　　　　　　② 分開儲存
③ 未有規定　　　　　　　④ 空鋼瓶可混和儲存

解析　職業安全衛生設施規則第 108 條

雇主對於高壓氣體之貯存，應依下列規定辦理：

一、貯存場所應有適當之警戒標示，禁止煙火接近。

二、貯存周圍 2 公尺內不得放置有煙火及著火性、引火性物品。

三、盛裝容器和空容器應分區放置。

四、可燃性氣體、有毒性氣體及氧氣之鋼瓶，應分開貯存。

五、應安穩置放並加固定及裝妥護蓋。

六、容器應保持在攝氏 40 度以下。

七、貯存處應考慮於緊急時便於搬出。

八、通路面積以確保貯存處面積 20% 以上為原則。

九、貯存處附近，不得任意放置其他物品。

十、貯存比空氣重之氣體，應注意低漥處之通風。

31

（ 1 ） 供危險物品倉庫使用之建築物高度，依職業安全衛生設施規則規定，在幾公尺以上應設避雷針？

① 3　　　　　　　　　　　② 5

③ 8　　　　　　　　　　　④ 10

│解析　職業安全衛生設施規則第 170 條

雇主對於高煙囪及高度在 **3** 公尺以上並作為危險物品倉庫使用之建築物，均應裝設適當避雷裝置。

32

（ 4 ） 依職業安全衛生管理辦法規定，下列何者不屬第三類事業（低度風險者）？

①新聞業　　　　　　　　　②金融及保險業

③技藝表演業　　　　　　　④製造業

│解析　職業安全衛生管理辦法第 2 條

本辦法之事業，依危害風險之不同區分如下：

一、第一類事業：具顯著風險者。

二、第二類事業：具中度風險者。

三、第三類事業：具低度風險者。

製造業屬第一類事業。

33

(2) 下列何者規範設置職業安全衛生組織及人員事項？
①勞工健康保護規則 　②職業安全衛生管理辦法
③職業安全衛生教育訓練規則 　④機械設備器具安全標準

| **解析** 職業安全衛生管理辦法第 1-1 條

雇主應依其事業之規模、性質，設置安全衛生組織及人員，建立職業安全衛生管理系統，透過規劃、實施、評估及改善措施等管理功能，實現安全衛生管理目標，提升安全衛生管理水準。

34

(2) 依勞動檢查法規定，下列何者非屬勞動檢查範圍？
①勞動基準法 　②全民健保險法
③勞動檢查法 　④職業安全衛生法

| **解析** 勞動檢查法第 4 條

勞動檢查事項範圍如下：

一、依本法規定應執行檢查之事項。

二、勞動基準法令規定之事項。

三、職業安全衛生法令規定之事項。

四、其他依勞動法令應辦理之事項。

35

(1) 勞動檢查法所稱之中央主管機關為下列何者？
①勞動部 　②立法院
③行政院 　④縣市政府

| **解析** 勞動檢查法第 2 條

本法所稱主管機關：在中央為勞動部；在直轄市為直轄市政府；在縣（市）為縣（市）政府。

36

（ 1 ） 下列何者為職業安全衛生法施行細則規定之具有危險之設備？
① 高壓氣體特定設備　　　　② 固定式起重機
③ 營建用升降機　　　　　　④ 移動式起重機

| 解析 職業安全衛生法施行細則第 23 條

本法第 16 條第 1 項所稱具有危險性之設備，指符合中央主管機關所定一定容量以上之下列設備：

一、鍋爐。

二、壓力容器。

三、高壓氣體特定設備。

四、高壓氣體容器。

五、其他經中央主管機關指定公告具有危險性之設備。

37

（ 3 ） 雇主未訂安全衛生工作守則，依職業安全衛生法規定，經通知限期改善而屆期未改善者，處新臺幣多少元之罰鍰？
① 9 萬元以上　　　　　　② 15 萬元以上
③ 3 萬元以上 15 萬元以下　④ 6 萬元以上

| 解析 職業安全衛生法第 34 條

雇主應依本法及有關規定會同勞工代表訂定適合其需要之安全衛生工作守則，報經勞動檢查機構備查後，公告實施。

勞工對於前項安全衛生工作守則，應切實遵行。

職業安全衛生法第 45 條

有下列情形之一者，處新臺幣 3 萬元以上 15 萬元以下罰鍰：

一、違反第 6 條第 2 項、第 12 條第 4 項、第 20 條第 1 項、第 2 項、第 21 條第 1 項、第 2 項、第 22 條第 1 項、第 23 條第 1 項、第 32

條第 1 項、第 **34** 條第 **1** 項或第 38 條之規定，經通知限期改善，屆期未改善。

二、違反第 17 條、第 18 條第 3 項、第 26 條至第 28 條、第 29 條第 3 項、第 33 條或第 39 條第 4 項之規定。

三、依第 36 條第 1 項之規定，應給付工資而不給付。

38

（ 4 ） 經中央主管機關指定「具有危險性之機械或設備」之操作人員，雇主如違反應僱用經中央主管機關認可之訓練或技能檢定合格人員充任之規定會受何種處罰？
① 處 1 年以下有期徒刑拘役或併科 5000 元罰金
② 處 5000 元以下罰鍰
③ 處 1000 元以下罰鍰
④ 處 3 萬元以上 30 萬以下罰鍰

| 解析　職業安全衛生法第 **24** 條

經中央主管機關指定具有危險性機械或設備之操作人員，雇主應僱用經中央主管機關認可之訓練或經技能檢定之合格人員充任之。

職業安全衛生法第 43 條

有下列情形之一者，處新臺幣 3 萬元以上 30 萬元以下罰鍰：

一、違反第 10 條第 1 項、第 11 條第 1 項、第 23 條第 2 項之規定，經通知限期改善，屆期未改善。

二、違反第 6 條第 1 項、第 12 條第 1 項、第 3 項、第 14 條第 2 項、第 16 條第 1 項、第 19 條第 1 項、第 **24** 條、第 31 條第 1 項、第 2 項或第 37 條第 1 項、第 2 項之規定；違反第 6 條第 2 項致發生職業病。

三、違反第 15 條第 1 項、第 2 項之規定，並得按次處罰。

四、規避、妨礙或拒絕本法規定之檢查、調查、抽驗、市場查驗或查核。

39

（ 4 ） 事業單位違反規定遭停工期間，依職業安全衛生法規定，對於勞工之工資如何處理？
①給予無薪假 ②予以扣薪
③只給半薪 ④全額照給

解析 職業安全衛生法第 36 條

中央主管機關及勞動檢查機構對於各事業單位勞動場所得實施檢查。其有不合規定者，應告知違反法令條款，並通知限期改善；屆期未改善或已發生職業災害，或有發生職業災害之虞時，得通知其部分或全部停工。勞工於停工期間應由雇主照給工資。

40

（ 4 ） 工作場所有立即發生危險之虞時，依職業安全衛生法規定，下列何者正確？
①通報勞動檢查機構
②繼續作業
③報告主管機關
④由雇主或工作場所負責人下令立即停工，並使勞工退避置安全場所

解析 職業安全衛生法第 18 條

工作場所有立即發生危險之虞時，雇主或工作場所負責人應即令停止作業，並使勞工退避至安全場所。

勞工執行職務發現有立即發生危險之虞時，得在不危及其他工作者安全情形下，自行停止作業及退避至安全場所，並立即向直屬主管報告。

雇主不得對前項勞工予以解僱、調職、不給付停止作業期間工資或其他不利之處分。但雇主證明勞工濫用停止作業權，經報主管機關認定，並符合勞動法令規定者，不在此限。

41

（ 2 ） 某工廠發生一人死亡職災事故，請問該雇主應於幾小時內要向勞動檢查機構通報？

① 3　　　　　　　　　　　② 8

③ 12　　　　　　　　　　④ 24

解析　職業安全衛生法第 37 條

事業單位工作場所發生職業災害，雇主應即採取必要之急救、搶救等措施，並會同勞工代表實施調查、分析及作成紀錄。

事業單位勞動場所發生下列職業災害之一者，雇主應於八小時內通報勞動檢查機構：

一、發生死亡災害。

二、發生災害之罹災人數在三人以上。

三、發生災害之罹災人數在一人以上，且需住院治療。

四、其他經中央主管機關指定公告之災害。

勞動檢查機構接獲前項報告後，應就工作場所發生死亡或重傷之災害派員檢查。

42

（ 2 ） 依法規規定，下列何者為勞工正常作業以外之作業，其作業期間不超過 3 個月且 1 年不再重複之作業？

①作業期間短暫　　　　　②臨時性作業

③正常作業　　　　　　　④作業時間短暫

解析　勞工作業環境監測實施辦法第 2 條

本辦法用詞：三、臨時性作業：指正常作業以外之作業，其作業期間不超過 3 個月，且 1 年內不再重複者。

43

（ 3 ） 在特定場所使用動力將貨物吊升，並做水平搬運為目的之機械裝置，依起重升降機具安全規則規定，稱為下列何者？
① 移動式起重機 ② 升降機
③ 固定式起重機 ④ 營建用提升機

│解析 起重升降機具安全規則第 2 條

本規則適用於下列起重升降機具：

一、固定式起重機：指在特定場所使用動力將貨物吊升並將其作水平搬運為目的之機械裝置。

二、移動式起重機：指能自行移動於非特定場所並具有起重動力之起重機。

三、人字臂起重桿：指以動力吊升貨物為目的，具有主柱、吊桿，另行裝置原動機，並以鋼索操作升降之機械裝置。

四、升降機：指乘載人員及（或）貨物於搬器上，而該搬器順沿軌道鉛直升降，並以動力從事搬運之機械裝置。但營建用提升機、簡易提升機及吊籠，不包括之。

五、營建用提升機：指於土木、建築等工程作業中，僅以搬運貨物為目的之升降機。但導軌與水平之角度未滿 80 度之吊斗捲揚機，不包括之。

六、吊籠：指由懸吊式施工架、升降裝置、支撐裝置、工作台及其附屬裝置所構成，專供人員升降施工之設備。

七、簡易提升機：指僅以搬運貨物為目的之升降機，其搬器之底面積在 1 平方公尺以下或頂高在 1.2 公尺以下者。但營建用提升機，不包括之。

44

（ 1 ）　高壓氣體容器搬運時，依職業安全衛生設施規則規定，下列事項何者為非？

①溫度保持攝氏 50 度以下　　②儘量使用專用手推車

③避免與其他氣體混載　　④應有警戒標誌

解析　職業安全衛生設施規則第 107 條

雇主搬運儲存高壓氣體之容器，不論盛裝或空容器，應依下列規定辦理：

一、溫度保持在攝氏 **40** 度以下。

二、場內移動儘量使用專用手推車等，務求安穩直立。

三、以手移動容器，應確知護蓋旋緊後，方直立移動。

四、容器吊起搬運不得直接用電磁鐵、吊鏈、繩子等直接吊運。

五、容器裝車或卸車，應確知護蓋旋緊後才進行，卸車時必須使用緩衝板或輪胎。

六、儘量避免與其他氣體混載，非混載不可時，應將容器之頭尾反方向置放或隔置相當間隔。

七、載運可燃性氣體時，要置備滅火器；載運毒性氣體時，要置備吸收劑、中和劑、防毒面具等。

八、盛裝容器之載運車輛，應有警戒標誌。

九、運送中遇有漏氣，應檢查漏出部位，給予適當處理。

十、搬運中發現溫度異常高昇時，應立即灑水冷卻，必要時，並應通知原製造廠協助處理。

45

（ 3 ） 依職業安全衛生設施規則，雇主對坑內或儲槽內部作業之通風，下
列何者不符規定？

①儲槽內部作業場所設置適當之機械通風設備

②坑內作業場所設置適當之機械通風設備

③儲槽內部作業場所以自然換氣能充分供應必要之空氣量即可

④坑內作業場所以自然換氣能充分供應必要之空氣量即可

解析　職業安全衛生設施規則第 310 條

雇主對坑內或儲槽內部作業，應設置適當之機械通風設備。但坑內
作業場所以自然換氣能充分供應必要之空氣量者，不在此限。

46

（ 2 ） 對於須極精辨物體之凝視，依職業安全衛生設施規則規定，如印刷
品校對、極精細儀器組合等作業，其採光照明應達 1000 米燭光以
上，該照明種類係指下列何者？

①全面照明　　　　　　　　②局部照明

③特殊照明　　　　　　　　④一般照明

解析　職業安全衛生設施規則第 313 條

照度表		照明種類
須極精辨物體而對襯不良，如極精細儀器組合、檢查、試驗、鐘錶珠寶之鑲製、菸葉分級、印刷品校對、深色織品、縫製等。	1000 米燭光以上	局部照明

47

(3) 我國職業安全衛生設施規所稱車輛系營建機械不包括下列何者？

①打樁機　　　　　　　　②挖土斗

③堆高機　　　　　　　　④推土機

解析　職業安全衛生設施規第 6 條

本規則所稱車輛機械，係指能以動力驅動且自行活動於非特定場所之車輛、車輛系營建機械、堆高機等。

前項所稱車輛系營建機械，係指推土機、平土機、鏟土機、碎物積裝機、刮運機、鏟刮機等地面搬運、裝卸用營建機械及動力鏟、牽引鏟、拖斗挖泥機、挖土斗、斗式掘削機、挖溝機等掘削用營建機械及打樁機、拔樁機、鑽土機、轉鑽機、鑽孔機、地鑽、夯實機、混凝土泵送車等基礎工程用營建機械。

48

(4) 合梯梯腳與地面之角度應在多少度以內？

① 30　　　　　　　　　② 45

③ 60　　　　　　　　　④ 75

解析　職業安全衛生設施規則第 230 條

雇主對於使用之合梯，應符合下列規定：

一、具有堅固之構造。

二、其材質不得有顯著之損傷、腐蝕等。

三、梯腳與地面之角度應在 75 度以內，且兩梯腳間有金屬等硬質繫材扣牢，腳部有防滑絕緣腳座套。

四、有安全之防滑梯面。

49

（ 1 ） 依危險性機械及設備安全檢查規則規定，下列這者非「具有危險性之機械」之檢查種類？

　①熔接檢查　　　　　　　②竣工檢查
　③定期檢查　　　　　　　④重新檢查

┃解析　選項①熔接檢查為「具有危險性之設備」之檢查種類。

50

（ 3 ） 依職業安全衛生教育訓練規則規定，下列何者非安全衛生訓練單位？

　①勞動檢查機構　　　　　②事業單位
　③顧問服務機構　　　　　④依法組織之雇主團體

┃解析　依據職業安全衛生教育訓練規則第 20 條規定安全衛生之教育訓練，得由下列單位（以下簡稱訓練單位）辦理：

一、勞工主管機關、衛生主管機關、勞動檢查機構或目的事業主管機關。

二、依法設立之非營利法人。

三、依法組織之雇主團體。

四、依法組織之勞工團體。

五、中央衛生福利主管機關醫院評鑑合格者或大專校院設有醫、護科系者。

六、報經中央主管機關核可之非以營利為目的之急救訓練單位。

七、大專校院設有安全衛生相關科系所或訓練種類相關科系所者。

八、事業單位。

九、其他經中央主管機關核可者。

51

（ 4 ） 依職業安全衛生設施規則規定，堆置物料應採取繩索綑綁、護網、擋樁、限制高度或變更堆積等必要設施，並禁止作業無關人員進入該等場所，與下列何種災害之預防較無關？
① 倒塌
② 崩塌
③ 物體飛落
④ 墜落

解析 依據「職業安全衛生設施規則」第 153 條規定，對於搬運、堆放或處置物料，為防止「倒塌、崩塌或掉落」，應採取繩索捆綁、護網、擋樁、限制高度或變更堆積等必要設施，並禁止與作業無關人員進入該等場所。

52

（ 2 ） 以鑽床進行金屬加工時，下列何者屬不安全行為？
① 已固定夾具失效
② 帶棉紗手套
③ 穿著具袖扣之工作服
④ 防護罩損壞

解析 不安全情況可分為「不安全行為及不安全環境」，依據職業安全衛生設施規則第 56 條對於旋轉刀具作業，勞工手指有觸及之虞者，應明確告知及標示勞工不得使用手套，並使勞工確實遵守。

選項②為不安全行為，選項①④為不安全環境。

53

（ 4 ） 依據職業安全衛生設施規則規定，雇主對於矽甲烷之處理，下列何者有誤？
① 應設置氣體洩漏檢知警報系統
② 應儲存於室外安全處所或室內有效通風換氣之處所，使用時應至於氣瓶櫃內
③ 未使用之容器與供氣中之容器應分開放置
④ 氣體容器閥門應有提供最小流率之裝置

解析 依據「職業安全衛生設施規則」第 185-1 條對於常溫下具有自燃性之四氫化矽（矽甲烷）之處理，除依高壓氣體相關法規規定外，應依下列規定辦理：

一、氣體設備應具有氣密之構造及防止氣體洩漏之必要設施，並設置氣體洩漏檢知警報系統。

二、氣體容器之閥門應具有限制最大流率之流率限制孔。

三、氣體應儲存於室外安全處所，如必須於室內儲存者，應置於有效通風換氣之處所，使用時應置於氣瓶櫃內。

四、未使用之氣體容器與供氣中之容器，應分隔放置。

五、提供必要之個人防護具，並使勞工確實使用。

六、避免使勞工單獨操作。

七、設置火災時，提供冷卻用途之灑水設備。

八、保持逃生路線暢通。

選項④氣體容器閥門應有提供「最大」流率之裝置。

54

(2) 下列何者非屬職業安全衛生法之附屬法規？
① 職業安全衛生管理辦法
② 技術士技能檢定及發證辦法
③ 危險性機械及設備安全檢查規則
④ 缺氧症預防規則

解析 選項②法規類別屬勞動部職業訓練目，主管單位為勞動部勞動力發展署。

55

(1) 依職業安全衛生管理辦法規定，下列何者非職業安全衛生委員會之指定成員？
①防火管理人 　　　　　　　②各部門之主管
③從事健康服務之醫護人員 　④職業安全衛生人員

解析 依職業安全衛生管理辦法第 11 條第一項規定委員會置委員七人以上，除雇主為當然委員及第五款規定者外，由雇主視該事業單位之實際需要指定下列人員組成：

一、職業安全衛生人員。

二、事業內各部門之主管、監督、指揮人員。

三、與職業安全衛生有關之工程技術人員。

四、從事勞工健康服務之醫護人員。

五、勞工代表。

56

(4) 下列何者為勞工連續暴露在此濃度以下十五分鐘，不致有不可忍受之刺激、慢性或不可逆之組織病變、意外事故增加之傾向或工作效率之降低之容許濃度？
①最低容許濃度 　　　　　　②日時量平均容許濃度
③最高容許濃度 　　　　　　④短時間時量平均容許濃度

解析 依作業場所容許暴露標準第 3 條規範所稱容許濃度如下：

一、8 小時日時量平均容許濃度：除附表一符號欄註有「高」字外之濃度，為勞工每天工作 8 小時，一般勞工重複暴露此濃度以下，不致有不良反應者。

二、短時間時量平均容許濃度：附表一符號欄未註有「高」字及附表二之容許濃度乘以下表變量係數所得之濃度，為一般勞工連續暴露在此濃度以下任何 15 分鐘，不致有不可忍受之刺激、慢

性或不可逆之組織病變、麻醉昏暈作用、事故增加之傾向或工作效率之降低者。

三、最高容許濃度：附表一符號欄註有「高」字之濃度，為不得使一般勞工有任何時間超過此濃度之暴露，以防勞工不可忍受之刺激或生理病變者。

57

（ 4 ） 依職業安全衛生設施規則規定，雇主設置之固定梯子，梯子之頂端至少應突出板面幾公分以上？

① 30　　　　　　　　　　② 75

③ 70　　　　　　　　　　④ 60

解析　依設施規則第 37 條第一項雇主設置之固定梯，應依下列規定：

一、具有堅固之構造。

二、應等間隔設置踏條。

三、踏條與牆壁間應保持 16.5 公分以上之淨距。

四、應有防止梯移位之措施。

五、不得有妨礙工作人員通行之障礙物。

六、平台用漏空格條製成者，其縫間隙不得超過 3 公分；超過時，應裝置鐵絲網防護。

七、梯之頂端應突出板面 **60 公分以上**。

八、梯長連續超過 6 公尺時，應每隔 9 公尺以下設一平台，並應於距梯底 2 公尺以上部分，設置護籠或其他保護裝置。但符合下列規定之一者，不在此限：

（一）未設置護籠或其它保護裝置，已於每隔 6 公尺以下設一平台者。

（二）塔、槽、煙囪及其他高位建築之固定梯已設置符合需要之安全帶、安全索、磨擦制動裝置、滑動附屬裝置及其他安全裝置，以防止勞工墜落者。

九、前款平台應有足夠長度及寬度，並應圍以適當之欄柵。

58

（ 1 ）　依據職業安全衛生管理辦法規定，事業單位之安全衛生管理由下列
　　　何者依職權指揮、監督所屬人員執行？
　　　①各級主管　　　　　　　　②職業安全衛生人員
　　　③品管人員　　　　　　　　④政風室主任

解析　職業安全衛生管理辦法第 5-1 條

職業安全衛生組織、人員、工作場所負責人及各級主管之職責如下：

一、職業安全衛生管理單位：擬訂、規劃、督導及推動安全衛生管
　　理事項，並指導有關部門實施。

二、職業安全衛生委員會：對雇主擬訂之安全衛生政策提出建議，
　　並審議、協調及建議安全衛生相關事項。

三、未置有職業安全（衛生）管理師、職業安全衛生管理員事業單
　　位之職業安全衛生業務主管：擬訂、規劃及推動安全衛生管理
　　事項。

四、置有職業安全（衛生）管理師、職業安全衛生管理員事業單位
　　之職業安全衛生業務主管：主管及督導安全衛生管理事項。

五、職業安全（衛生）管理師、職業安全衛生管理員：擬訂、規劃
　　及推動安全衛生管理事項，並指導有關部門實施。

六、工作場所負責人及各級主管：依職權指揮、監督所屬執行安全
　　衛生管理事項，並協調及指導有關人員實施。

七、一級單位之職業安全衛生人員：協助一級單位主管擬訂、規劃
　　及推動所屬部門安全衛生管理事項，並指導有關人員實施。

59

（ 3 ） 依據勞工作業環境監測實施辦法，下列何者為「正常作業以外之作業，其作業期間不超過三個月，且一年內不再重複者」？
① 作業時間短暫　　　　　　　② 作業期間短暫
③ 臨時性作業　　　　　　　　④ 變更作業

解析　勞工作業環境監測實施辦法第 2 條第 3 款：「臨時性作業：指正常作業以外之作業，其作業期間不超過 3 個月，且 1 年內不再重複者。」

60

（ 2 ） 作業人員欲了解化學品之危害性，最好由下列何者獲得相關資訊？
① 法規　　　　　　　　　　　② 安全資料表
③ 化學品存量　　　　　　　　④ 工作守則

解析　依據危害性化學品標示及通識規則第 17 條規定，為使勞工確實知悉危害性化學品之危害資訊，應採取下列必要措施：

一、依實際狀況訂定危害通識計畫，適時檢討更新，並依計畫確實執行，其執行紀錄保存 3 年。

二、製作危害性化學品清單，其內容、格式參照附表五。

三、將危害性化學品之安全資料表置於工作場所易取得之處。

四、使勞工接受製造、處置或使用危害性化學品之教育訓練，其課程內容及時數依職業安全衛生教育訓練規則之規定辦理。

五、其他使勞工確實知悉危害性化學品資訊之必要措施。

1-3 職業安全衛生概論

 甲 乙 丙 丁

01

(1) 職業災害發生之原因可分為直接原因、間接原因及基本原因，直接原因係屬下列何者？
　①能量　　　　　　　　②不安全狀況
　③管理上的缺陷　　　　④不安全行為

| 解析 直接原因：與能量或危害物接觸。

間接原因：1. 不安全環境、2. 不安全行為。

基本原因：管理不當。

02

(2) 某公司在職業災害調查分析發現，未訂定維修保養制度導致管線破裂造成氣體外洩事故屬下列何者？
　①間接原因　　　　　　②基本原因
　③長期原因　　　　　　④直接原因

| 解析 直接原因：與能量或危害物接觸。

間接原因：1. 不安全環境、2. 不安全行為。

基本原因：管理不當。

雇主未訂定維修保養制度，即未適當管理安全衛生事項。

03

(2) 在調查分析勞工進入 9 公尺深人孔後，因缺氧而死亡之職業災害時，缺氧屬下列何種原因？
　①間接原因　　　　　　②直接原因
　③長期原因　　　　　　④基本原因

解析 直接原因：與能量或危害物接觸。

間接原因：1. 不安全環境、2. 不安全行為。

基本原因：管理不當。

勞工與氧含量不足 **18%** 之空氣接觸，造成缺氧而死亡，屬直接原因。

04

(1) 工作安全分析時，其第一步驟為何？
　　①選定要分析的工作　　　　②找出每一個步驟潛在危害因子
　　③將工作分解成若干步驟　　④提出預防危害方法

解析 工作安全分析步驟：

1. 決定要分析的工作。

2. 將工作分解成若干步驟。

3. 找出每一個步驟潛在危害因子。

4. 提出預防危害方法。

05

(3) 職業災害之直接損失為何？
　　①罹災勞工家屬與社會各界之指責
　　②罹災勞工之替代人員工時損失
　　③雇主之補償與賠償
　　④停工期間工時之損失

解析 直接損失係指依據法令規定所應給付罹災勞工或家屬之醫療費用及補償費用；間接損失指直接損失外，另由雇主負擔的損失。

06

(3) 隔離製程係控制下列何類暴露要件？
　① 輸送途徑　　　　　　　② 監督者
　③ 污染源　　　　　　　　④ 接受者

| 解析　隔離係指將污染源完全隔離，使污染物不致逸散到空氣中。

07

(4) 一般防止職業災害或職業病之原則為何？
　① 預防與治療並重　　　　② 治療重於預防
　③ 成本重於一切　　　　　④ 預防重於治療

| 解析　防止職業災害或職業病之原則為預防重於治療，故職業病預防一般稱為預防醫學。

08

(4) 職業病最根本的預防措施為下列何者？
　① 實施特殊健康檢查　　　② 實施僱用前體格檢查
　③ 實施定期健康檢查　　　④ 實施作業環境改善

| 解析　職業病最根本的預防措施為實施作業環境改善，消除作業環境中之危害因素。

09

(2) 作業期間不超過 1 個月，且確知自該作業終了日起 6 個月不再實施該作業者，依勞工作業環境監測實施辦法定義為何？
　① 臨時性作業　　　　　　② 作業期間短暫
　③ 非例行性作業　　　　　④ 作業時間短暫

解析　勞工作業環境監測實施辦法第 2 條

本辦法用詞：五、作業期間短暫：指作業期間不超過 **1** 個月，且確知自該作業終了日起 **6** 個月，不再實施該作業者。

10

（ 3 ）職業災害發生之原因可分為直接原因、間接原因及基本原因，下列何者屬職業災害原因分析之間接原因？

①未訂定書面之安全衛生工作守則
②未定期檢討安全衛生計畫
③使用有缺陷之機具
④無安全衛生政策

解析　直接原因：與能量或危害物接觸。

間接原因：1. 不安全環境、2. 不安全行為。如使用有缺陷之機具。

基本原因：管理不當。

11

（ 3 ）職業災害之間接損失，下列何者為是？

①社會救濟支付　　　　　②保險公司賠償
③延遲交貨違約罰款　　　④受害者之醫療支付

解析　直接損失（Direct Costs）：發生意外事故所造成的金錢直接損失（例如：工人的補償金及醫療費）。

間接損失（Indirect Costs）：不是意外事故所直接產生的損失，但卻是真正且可計算的，而且如果意外事故不發生就不會有這項損失的產生（例如：補償給付以外的薪水）。

12

（ 3 ） 職業災害發生的間接原因可區分為不安全環境及不安全行為，下列
何者屬不安全行為？
① 工作場所物料雜亂
② 未實施安全衛生自動檢查
③ 於運轉中機械器具進料或取料
④ 採光照明不良

解析　不安全環境：係指機械設備、設施等硬體之處於不安全情形。

不安全行為：指人員之不當動作。如於運轉中機械器具進料或取料。

13

（ 4 ） 長期暴露在噪音過大之工作場所，可能會造成永久聽力損失，噪音
屬於何種危害因子？
① 生物性　　　　　　　　② 化學性
③ 人因工程　　　　　　　④ 物理性

解析　危害因子指造成危害的原因分類，噪音振動屬於物理性危害因子。

14

（ 1 ） 機台作業面高度過高，會使作業動作不自然，若長期可能導致肌肉
骨骼傷害，請問動作不自然屬於何種危害因子？
① 人因工程　　　　　　　② 生物性
③ 化學性　　　　　　　　④ 物理性

解析　姿勢不良、過度施力及作業頻率過高等屬於人因性（人因工程）危
害因子。

15

（ 4 ） 誰應負責執行工作安全分析？
　　　①廠長　　　　　　　　②外聘專家
　　　③保全人員　　　　　　④領班

│解析　工作安全分析之意義 - 結合工作分析與預知危險。

　　　工作安全分析之目的 - 確保工作安全。

　　　工作安全分析之分析者 - 領班。

　　　工作安全分析之審核者 - 現場主管。

　　　工作安全分析之核准者 - 高階主管。

16

（ 3 ） 法定安全衛生教育訓練實施之對象，下列何者為非？
　　　①女工、童工　　　　　②建教生
　　　③訪客　　　　　　　　④中高齡勞工

│解析　職業安全衛生法第 32 條

　　　雇主對勞工應施以從事工作與預防災變所必要之安全衛生教育及訓練。

17

（ 4 ） 事業單位內之職業安全衛生管理，依職業安全衛生法施行細則規定，下列何者應負責辦理？
　　　①職業安全衛生業務主管　②勞工
　　　③領班　　　　　　　　　④雇主

│解析　職業安全衛生法施行細則第 34 條

　　　本法第 23 條第 1 項所定安全衛生管理，由雇主或對事業具管理權限之雇主代理人綜理，並由事業單位內各級主管依職權指揮、監督所屬人員執行。

18

（ 1 ） 依勞工職業災害保險及保護法之規定，勞工發生職業災害，雇主應
負無過失責任之職業災害補償，另如涉及損害賠償時，過失之舉證
責任為下列何者？

①雇主　　　　　　　　　　②勞工

③主管機關　　　　　　　　④公正第三者

解析　勞工職業災害保險及保護法第 91 條

勞工因職業災害所致之損害，雇主應負賠償責任。但雇主能證明無
過失者，不在此限。

19

（ 3 ） 依職業安全衛生法規定，使勞工從事特別危害健康作業，雇主應於
其僱用時，實施下列何種檢查？

①一般體格健康檢查　　　　②特殊健康檢查

③特殊體格檢查　　　　　　④一般健康檢查

解析　勞工健康保護規則第 16 條

雇主僱用勞工時，除應依附表九所定之檢查項目實施一般體格檢查
外，另應按其作業類別，依附表十所定之檢查項目實施特殊體格檢
查。

有下列情形之一者，得免實施前項所定一般體格檢查：

一、非繼續性之臨時性或短期性工作，其工作期間在 6 個月以內。

二、其他法規已有體格或健康檢查之規定。

三、其他經中央主管機關指定公告。

第一項所定檢查距勞工前次檢查未超過第 17 條或第 18 條規定之定
期檢查期限，經勞工提出證明者，得免實施。

20

(2)　選用新進人員是否適用，可以下列何項健康檢查做為依據？

　　①健康檢查　　　　　　　②體格檢查

　　③企業健康檢查　　　　　④特殊健康檢查

解析　職業安全衛生法第 21 條

雇主依前條體格檢查發現應僱勞工不適於從事某種工作，不得僱用其從事該項工作。健康檢查發現勞工有異常情形者，應由醫護人員提供其健康指導；其經醫師健康評估結果，不能適應原有工作者，應參採醫師之建議，變更其作業場所、更換工作或縮短工作時間，並採取健康管理措施。

21

(1)　有關職業安全衛生法所稱發生災害之罹災人數在 1 人以上，且須住院治療者應依時限通報勞動檢查機構，是指由下列何者診斷是否為「需住院治療」？

　　①醫療機構　　　　　　　②消防局

　　③勞動檢查機構　　　　　④衛生局

解析　職業安全衛生法施行細則第 48 條

本法第 37 條第 2 項第 2 款所稱發生災害之罹災人數在 3 人以上者，指於勞動場所同一災害發生工作者永久全失能、永久部分失能及暫時全失能之總人數達 3 人以上者。

本法第 37 條第 2 項第 3 款所稱發生災害之罹災人數在 1 人以上，且需住院治療者，指於勞動場所發生工作者罹災在 1 人以上，且經醫療機構診斷需住院治療者。

22

（ 2 ）　依職業安全衛生教育訓練規則，丙種職業安全衛生業務主管安全衛
　　　　生教育訓練總時數為幾小時？

　　　　① 42 小時　　　　　　　　② 21 小時

　　　　③ 107 小時　　　　　　　④ 18 小時

│解析　職業安全衛生教育訓練規則第 3 條附表一

項次	上課科目	時數
一	法規與通識	6
（一）	職業安全衛生相關法規（含職業安全衛生法、 動檢查法、職業災害 工保護法、職業安全衛生設施規則、職業安全衛生管理辦法等相關法規）	4
（二）	職業安全衛生概	2
二	一般行業管理制度	4
（一）	職業安全衛生管理計畫	2
（二）	風險評估（含危害辨識、危害控制）	1
（三）	承攬管理	1
三	一般行業管理實務（含職災案例研討）	11
（一）	職業安全管理實務（含墜落、倒塌崩塌、物體飛落、被夾被捲、被撞、感電及火災爆炸預防）	5
（二）	職業衛生管理實務（含物理性及化學性危害預防）	3
（三）	職場健康管理實務（含生物病原體及身心健康危害預防）	2
（四）	職業災害調查處理	1

丙種職業安全衛生業務主管安全衛生教育訓練總時數為 21 小時。

23

（ 4 ）　依高壓氣體勞工安全規則規定，特定高壓氣體何為非？

　　　　①壓縮氫氣　　　　　　　　②液化石油氣

　　　　③液氨　　　　　　　　　　④乙烯

│解析　高壓氣體勞工安全規則第 3 條

本規則所稱特定高壓氣體，係指高壓氣體中之壓縮氫氣、壓縮天然氣、液氧、液氨及液氯、液化石油氣。

24

（ 2 ） 依勞工作業環境監測實施辦法規定，應依規定實施作業環境監測之作業場所，下列何者為非？

①坑內作業場所

②一般辦公室且無中央空調作業場所

③鉛作業場所

④高溫作業場所

解析 勞工作業環境監測實施辦法第 7 條

本法施行細則第 17 條第 2 項第 1 款至第 3 款規定之作業場所，雇主應依下列規定，實施作業環境監測。但臨時性作業、作業時間短暫或作業期間短暫之作業場所，不在此限：

一、設有中央管理方式之空氣調節設備之建築物室內作業場所，應每 6 個月監測二氧化碳濃度 1 次以上。

二、下列坑內作業場所應每 6 個月監測粉塵、二氧化碳之濃度 1 次以上：

（一）礦場地下礦物之試掘、採掘場所。

（二）隧道掘削之建設工程之場所。

（三）前 2 目已完工可通行之地下通道。

三、勞工噪音暴露工作日 8 小時日時量平均音壓級 85 分貝以上之作業場所，應每 6 個月監測噪音 1 次以上。

25

（ 2 ） 勞工作業場所容許暴露標準中註「皮」者，係指下列何者？
①不會由皮膚滲透人體
②易由皮膚進入人體
③除皮膚外不會進入人體
④易引起皮膚病

| 解析　勞工作業場所容許暴露標準第 2 條

雇主應確保勞工作業場所之危害暴露低於附表一或附表二之規定。附表一中未列有容許濃度值之有害物經測出者，視為超過標準。

該表內註有「皮」字者，表示該物質易從皮膚、粘膜滲入體內，並不表示該物質對勞工會引起刺激感、皮膚炎及敏感等特性。

26

（ 2 ） 某有害物之勞工作業環境空氣中 8 小時日時量平均容許濃度為 100 ppm，依勞工作業場所容許暴露標準，其變量係數為何？
① 1　　　　　　　② 1.25
③ 1.5　　　　　　④ 2

| 解析　勞工作業場所容許暴露標準第 3 條

二、短時間時量平均容許濃度：附表一符號欄未註有「高」字及附表二之容許濃度乘以下表變量係數所得之濃度，為一般勞工連續暴露在此濃度以下任何 15 分鐘，不致有不可忍受之刺激、慢性或不可逆之組織病變、麻醉昏暈作用、事故增加之傾向或工作效率之降低者。

容許濃度	變量係數	備註
未滿 1	3	表中容許濃度氣狀物以 ppm、粒狀物以 mg/m^3、石綿 f/cc 為單位。
1 以上，未滿 10	2	
10 以上，未滿 100	1.5	
100 以上，未滿 1000	**1.25**	
1000 以上	1	

27

（ 3 ） 依勞工作業場所容許暴露標準，短時間時量平均容許濃度中之短時間係指多少分鐘？

① 5　　　　　　　　　　② 10

③ 15　　　　　　　　　④ 20

| **解析**　勞工作業場所容許暴露標準第 3 條

二、短時間時量平均容許濃度：附表一符號欄未註有「高」字及附表二之容許濃度乘以下表變量係數所得之濃度，為一般勞工連續暴露在此濃度以下任何 **15** 分鐘，不致有不可忍受之刺激、慢性或不可逆之組織病變、麻醉昏暈作用、事故增加之傾向或工作效率之降低者。

28

（ 3 ） 依勞工作業場所容許暴露標準，某物質之空氣中 8 小時日時量平均容許濃度為 200 ppm，未註明「高」字，其短時間時量平均容許濃度為多少 ppm ？

① 100　　　　　　　　② 125

③ 250　　　　　　　　④ 400

| **解析**　勞工作業場所容許暴露標準第 3 條

二、短時間時量平均容許濃度：附表一符號欄未註有「高」字及附表二之容許濃度乘以下表變量係數所得之濃度，為一般勞工連續暴露在此濃度以下任何 15 分鐘，不致有不可忍受之刺激、慢性或不可逆之組織病變、麻醉昏暈作用、事故增加之傾向或工作效率之降低者。

容許濃度	變量係數	備註
未滿 1	3	
1 以上，未滿 10	2	表中容許濃度氣狀物以 ppm、粒狀物以 mg/m³、石綿 f/cc 為單位。
10 以上，未滿 100	1.5	
100 以上，未滿 1000	**1.25**	
1000 以上	1	

短時間時量平均容許濃度 ＝ 200×1.25 ＝ 250 ppm。

29

（ 2 ） 依職業安全衛生法規定，下列敘述何者有誤？

①滿 18 歲可以從事橡膠化合物之滾輾作業

②高溫場所每日工作時間不得高於 4 小時

③新進勞工應施行體格檢查

④勞工代表應優先由工會推派之

解析 職業安全衛生法第 19 條

在高溫場所工作之勞工，雇主不得使其每日工作時間超過 **6** 小時；異常氣壓作業、高架作業、精密作業、重體力勞動或其他對於勞工具有特殊危害之作業，亦應規定減少勞工工作時間，並在工作時間中予以適當之休息。

前項高溫度、異常氣壓、高架、精密、重體力勞動及對於勞工具有特殊危害等作業之減少工作時間與休息時間之標準，由中央主管機關會同有關機關定之。

30

（ 3 ） 採 **4E** 政策以消除不安全的狀況及行為，係指除工程、教育、執行外，還包括下列何者？

①教養　　　　　　　　②永恆

③熱心　　　　　　　　④宣傳

解析 4E 政策包含：工程 Engineering、教育 Education、執行 Enforcement 及熱心 **Enthusiasm**。

31

（ 3 ） Abraham Maslow 需求層級理論包括：1. 尊嚴需求 2. 安全需求 3. 自我實現需求 4. 生理需求 5. 愛與歸屬的需求，何為正確之由下而上排列順序？
① 24153　② 42153
③ 42513　④ 35124

解析　亞伯拉罕・馬斯洛的需求層次理論是指人類的需求是以層次的形式出現的，由低級的需求開始，逐級向上發展到高級層次的需求。當一組需求得到滿足時，這組需求就不再成為激勵因素，由下而上之排列順序為生理需求、安全需求、愛與歸屬的需求、尊嚴需求及自我實現需求。

32

（ 4 ） 可燃性氣體中，下列何種比空氣重？
①氫　②乙炔
③甲烷　④丙烷

解析　丙烷的分子量約為 44.1 g/mol，空氣的平均分子量約為 28.97 g/mol，分子量越大代表越重，故丙烷比空氣重。

33

（ 4 ） 職業災害預防中，防護具之選用為第幾道防線？
①第一道　②第二道
③第三道　④最後一道

解析　防護具是保護人體的最後一道防護，一旦防護具失效，人體將直接接觸危害。

34

（ 4 ） 下列何者不為判定職業病要件？
　　① 有害物確實存在
　　② 曾暴露於有害環境
　　③ 發病時間與有害物暴露之時序性
　　④ 暴露季節

解析　職業病判斷之要件如下：

1. 確實有病的證據。
2. 暴露於危害因子的證據，如有害物確實存在或曾暴露於有害環境。
3. 發病與有害物暴露符合時序性。
4. 符合流行病學之研究。
5. 排除其他可能之危害因子。

35

（ 2 ） 勞工從事石綿作業且有抽菸習慣易造成肺癌，抽菸與石綿相互間效應屬下列何種效應？
　　① 獨立　　　　　　　　　② 相乘
　　③ 相減　　　　　　　　　④ 相加

解析　相乘效應：不同物質間的相互作用，產生的效果大於各效果的總合。

36

（ 2 ） 下列何者屬職業災害原因分析之間接原因？
　　① 未定期檢討安全衛生計畫
　　② 使用有缺陷之機具
　　③ 未訂定書面之安全衛生工作守則
　　④ 無安全衛生政策

解析 選項②使用有缺陷之機具為不安全行為屬間接原因，其餘選項①③④基本原因。

職業災害原因分類說明如下：

一、直接原因：能量或有害物或危險物等。

二、間接原因：通常指不安全狀態／環境或不安全動作／行為。

三、基本原因：係指安全管理缺陷、錯誤的安全文化、政策、決心及個人因素及環境缺陷。

37

（ 3 ） 下列何者為過度的推、舉、拉、伸所造成的危害？

① 化學性危害　　　　　　　② 物理性危害

③ 人因工程性危害　　　　　④ 生物性危害

解析 人因工程（Ergonomics）是探討人類日常生活和工作中的「人」與工具、機器、設備及環境之間交互作用的關係，過度的推、舉、拉、伸將造成肌肉骨骼傷病。

38

（ 1 ） 身體各組織吸收微波能量之難易程度，主要與下列之含量相關？

① 水　　　　　　　　　　　② 脂肪

③ 磷　　　　　　　　　　　④ 鈣

解析 當微波輻射到人體時，一部分能量被吸收，而水分較多的組織如血液、肝、腎、肌肉等）能較多地吸收微波能量，引起組織溫度升高，而脂肪和骨組織吸收能量最少，成人體內含水量約佔體重的 50-60%。

39

（ 1 ）為利於危害辨識工作的執行，一般分為五大類危害，下列何者為非？
① 生理性　　　　　　　　② 人因性
③ 物理性　　　　　　　　④ 化學性

解析　五大類危害分別為：物理性、化學性、生物性、人因工程、「社會心理性」。

40

（ 4 ）在各類災害防止基本對策中，下列何者非屬於去除不安全環境之方式？
① 改善通風條件　　　　　② 改善作業環境
③ 設備安全化　　　　　　④ 遵守作業步驟

解析　為防止災害發生，可從「不安全行為及不安全環境」進行改善，降低職災骨牌連鎖反應之機率。選項④為不安全行為。

一般行業管理制度

2-1 職業安全衛生管理系統
(含管理計畫及管理規章)

甲 乙 丙 丁

01

(2) 職業安全衛生管理系統之主要架構運作，下列何者為職業安全衛生活動的最高指導原則？
① 職業安全衛生方案　　　　② 職業安全衛生政策
③ 職業安全衛生指針　　　　④ 職業安全衛生計畫

解析　臺灣職業安全衛生管理系統建置實務參考手冊第五章

職業安全衛生政策是事業單位建立整體職安衛管理系統發展的方向，並藉以制訂採取安全衛生管制措施的基本原則。政策可確立事業單位的職業安全衛生責任歸屬與其績效的要求。茲以證明事業單位最高管理階層對良好職安衛管理的正式承諾，並應與事業單位整體營運政策及其它管理方法致，如品質管理或環境管理。

02

(2) 職業安全衛生管理系統中之預防與控制措施項目中，第一優先採行的措施為何？
① 設置安衛組織人員　　　　② 消除危害及風險
③ 提供適當個人防護具　　　④ 實施教育訓練

解析　臺灣職業安全衛生管理系統指引 4.3.4 預防與控制措施

(1) 組織應建立及維持適當的程序，以持續辨識和評估各種影響員工安全衛生的危害及風險，並依下列優先順序進行預防和控制：

(a) 消除危害及風險。

(b) 經由工程控制或管理控制從源頭控制危害及風險。

(c) 設計安全的作業制度，包括行政管理措施將危害及風險的影響減到最低。

(d) 當綜合上述方法仍然不能控制殘餘的危害及風險時，雇主應免費提供適當的個人防護具，並採取措施確保防護具的使用和維護。

03

(1) 在職業安全衛生管理系統之相關要項中，針對事故發生時，能提供作業現場人員必要的資訊，並採取急救、醫療救援、消防及疏散等措施與步驟，係指下列何者？

① 緊急應變措施　　　　　　② 變更管理
③ 災害調查與分析　　　　　④ 稽核措施

解析　臺灣職業安全衛生管理系統指引 4.3.6 緊急應變措施

組織應訂定維持緊急應變措施的作法，並提供全體員工相關的資訊和訓練，包括緊急應變措施的定期演練。

04

(4) 臺灣職業安全衛生管理系統之簡稱為何？

① CNS 45001　　　　　　② VPP
③ TS　　　　　　　　　　④ TOSHMS

解析　臺灣職業安全衛生管理系統全名為 Taiwan Occupational Safety and Health Management System，簡稱 **TOSHMS**。

05

（ 3 ） 職業安全衛生管理系統中，下列何者是安全衛生政策之制訂原則？

①符合法令之基本門檻

②由管理階層自行訂定對外宣示

③遵守法令為基本目標，應持續改善職業安全衛生管理系統績效

④符合 ISO 國際標準

解析 臺灣職業安全衛生管理系統指引 4.1.1 職業安全衛生政策

(1) 雇主應依據組織的規模及性質，並諮詢員工及其代表意見，訂定書面的職業安全衛生政策，以展現符合適用法令規章、預防與工作有關的傷病及持續改善之承諾。

06

（ 2 ） 第一類之事業單位，依職業安全衛生管理辦法規定，勞工人數在多少人以上應建置職業安全衛生管理系統？

① 500　　② 200

③ 100　　④ 300

解析 職業安全衛生管理辦法第 12-2 條

下列事業單位，雇主應依國家標準 CNS 45001 同等以上規定，建置適合該事業單位之職業安全衛生管理系統，並據以執行：

一、第一類事業勞工人數在 **200** 人以上者。

二、第二類事業勞工人數在 500 人以上者。

三、有從事石油裂解之石化工業工作場所者。

四、有從事製造、處置或使用危害性之化學品，數量達中央主管機關規定量以上之工作場所者。

07

（ 2 ） 依職業安全衛生管理辦法，事業單位職業安全衛生管理係由何者依職權指揮、監督所屬人員執行？
　　①品管人員
　　②各級主管
　　③職業安全衛生人員
　　④職業安全衛生管理系統稽核人員

解析 職業安全衛生管理辦法第 5-1 條

六、工作場所負責人及各級主管：依職權指揮、監督所屬執行安全衛生管理事項，並協調及指導有關人員實施。

08

（ 4 ） 國際勞工組織（ILO）在 2001 年所頒布的職業安全衛生管理系統指引為何？
　　① ILO-OHSAS
　　② ILO-HSE
　　③ ILO-SHE
　　④ ILO-OSH

解析 國際勞工組織（ILO）2001 年公布 ILO-OSH 2001，並建議各國推行國家與企業層級之職業安全衛生管理系統。

09

（ 2 ） 職業安全衛生管理系統所謂之 P-D-C-A，係指哪些管理循環？
　　①規劃 - 發展 - 確認 - 改進
　　②規劃 - 實施 - 查核 - 改進
　　③計畫 - 執行 - 檢討 - 回饋
　　④程序 - 執行 - 改進 - 考核

解析 戴明循環：

P：Plan 規劃。

D：Do 實施。

C：Check 查核。

A：Action 改進。

10

（ 2 ） 下列何者不屬於臺灣職業安全衛生管理系統指引中「規劃與實施」之項目？
①緊急應變措施　　　　　②溝通與訓練
③變更管理　　　　　　　④安全衛生目標

|解析　「溝通與訓練」屬於「組織設計」。

11

（ 4 ） 下列有關職業安全衛生管理計畫之敘述，何者正確？
①應藉由持續不斷的稽核制度發現問題，並等有經費再行採取糾正措施
②安全衛生目標，應交由專業團體協助訂定
③計畫之內容一致，無須考量規模、性質
④須應用規劃、實施、查核及改進等管理手法，提升改善績效

|解析　職業安全衛生管理計畫須應用規劃、實施、查核及改進等管理手法，提升改善績效。

12

（ 3 ） 下列有關職業安全衛生管理規章之敘述，何者有誤？
①屬事業單位內部管理程序等文件
②目的在要求執行職業安全衛生有關事項
③對員工不具強制的規範
④用以要求各級主管及管理、指揮、監督等有關人員

|解析　職業安全衛生管理規章及職業安全衛生管理計畫指導原則第 2 點

一、定義：

職業安全衛生管理規章指事業單位為有效防止職業災害，促進勞工安全與健康，所訂定要求各級主管及管理、指揮、監督等有關人員

執行與職業安全衛生有關之內部管理程序、準則、要點或規範等文件，於實質上對員工具強制性規範，但不可違反法令。

13

（ 3 ） 依職業安全衛生管理規章及職業安全衛生管理計畫指導原則，職業安全衛生管理規章中，下列何者非屬之「政策與組織」規定？
① 安全衛生政策及目標
② 職業安全衛生委員會組織規程
③ 安全衛生績效競賽實施要點
④ 安全衛生權責劃分標準

解析 職業安全衛生管理規章及職業安全衛生管理計畫指導原則第 2 點

1. 「政策與組織」規章：

    (1) 安全衛生政策及目標。

    (2) 安全衛生權責劃分標準。

    (3) 職業安全衛生委員會組織規程。

    (4) 職業安全衛生管理單位（如職業安全衛生處或職業安全衛生室等）組織規程。

    (5) 承攬共同作業協議組織設置及運作要點。

    (6) 危險性工作場所評估小組設置及運作要點。

14

（ 1 ） 下列何者非目前國內、外事業單位所推動的職業安全衛生管理系統？
① ISO 9001
② CNS 45001
③ TOSHMS
④ ILO-OSH

解析 ISO 9001 為品質管理系統。

15

（ 2 ） 已實施職業安全衛生管理系統之第一類事業事業單位，其一級管理單位如何才能不受為專責及職業安全衛生業務主管應為專職之限制？

① 向當地主管機關申請認可

② 管理績效經中央主管機關審查通過

③ 安全評估報告送勞動檢查機構審查

④ 管理績效報經勞動檢查機構審查合格

| 解析 職業安全衛生管理辦法第 6-1 條

第一類事業單位或其總機構已實施第 12-2 條職業安全衛生管理系統相關管理制度，管理績效並經中央主管機關審查通過者，得不受第 2 條之 1、第 3 條及前條有關一級管理單位應為專責及職業安全衛生業務主管應為專職之限制。

16

（ 1 ） 有關臺灣職業安全衛生管理系統的特色，下列何者為非？

① 內容與 OHSAS18001 完全一致

② 可與 ISO9001、ISO14001 相容

③ 政府並未強制事業單位通過驗證

④ 由 200 人以上高風險事業單位優先推動

| 解析 TOSHMS 建置實務參考手冊

TOSHMS 指引係以創新的「聯集」概 整併 ILO-OSH：2001 與 OHSAS 18001：2007 之要項，結合該二套制度的優點，將傳統重點式勞工安全衛生管理制度邁向系統化與國際化發展，引導國內企業將安全衛生管理內化為企業營運管理之一環，逐步邁向系統化之職安衛管理制度發展，有效降低工作場所的危害及風險，且能符合世界的潮流。

職業安全衛生管理辦法第 12-2 條

下列事業單位，雇主應依國家標準 CNS 45001 同等以上規定，建置適合該事業單位之職業安全衛生管理系統，並據以執行：

一、第一類事業勞工人數在 **200** 人以上者。

二、第二類事業勞工人數在 500 人以上者。

三、有從事石油裂解之石化工業工作場所者。

四、有從事製造、處置或使用危害性之化學品，數量達中央主管機關規定量以上之工作場所者。

17

(4) 依中央主管機關所訂之臺灣職業安全衛生管理系統指引，下列何者不包含於其主要安全衛生項目中？
①規劃與實施　　　　　　②政策
③評估　　　　　　　　　④產能目標

解析　「臺灣職業安全衛生管理系統指引」包括：

1. 政策。

2. 組織設計。

3. 規劃與實施。

4. 評估。

5. 改善措施。

18

(4) 下列何者為僱用勞工人數在 **30** 人以下之事業單位，執行安全衛生管理事項之方式？
①得以自動檢查計畫代替職業安全衛生管理計畫
②應訂定職業安全衛生管理規章
③應訂定職場健康計畫
④得以執行紀錄或文件代替職業安全衛生管理計畫

解析 職業安全衛生管理辦法第 12-1 條

雇主應依其事業單位之規模、性質，訂定職業安全衛生管理計畫，要求各級主管及負責指揮、監督之有關人員執行；勞工人數在 30 人以下之事業單位，得以安全衛生管理執行紀錄或文件代替職業安全衛生管理計畫。

勞工人數在 100 人以上之事業單位，應另訂定職業安全衛生管理規章。

19

(2) 下列何者係指 OHSAS 18001 ？
①國際勞工局頒布之職業安全衛生管理系統指引
②國際驗證機公司合作訂定的職業安全衛生管理驗證規範
③美國頒布勞工標準
④歐盟頒布之勞工標準

解析 OHSAS 18001 是由國際驗證機公司合作訂定並由英國所頒布之職業安全衛生管理驗證規範。

20

(1) 下列有關臺灣職業安全衛生管理系統特色之敘述，何者有誤？
①安全衛生設施可以低於法令規定
②協助事業單位提升職業安全衛生管理績效
③結合國家級驗證體系
④迎合國際發展趨勢

解析 國內許多事業單位因應市場需求，已逐步推動 OHSAS 18001 驗證作業，為求周延並滿足事業單位「獲取國外驗證」與「符合國內規範」之雙重需求，勞工委員會（現為勞動部）特依循 OHSAS 18001：2007 之架構及要求，並參考 ILO-OSH：2001 及 TOSHMS 指引之相關要求，訂定「臺灣職業安全衛生管理系統驗證規範」，並結合民間認證及驗證體系，與國際認證系統接軌，建立相互認可機制，使通過 TOSHMS 驗證者，可視其需求一併取得 OHSAS 18001 驗證，以激勵事業單位建立及推動職業安全衛生管理系統。

21

（ 3 ）　職業安全管理系統中之主要項目中，下列何者必須先制訂？
　　　　①組織　　　　　　　　　　②稽核
　　　　③政策　　　　　　　　　　④控制

│**解析**　　職業安全衛生政策是事業單位建立整體職安衛管理系統發展的方向，並藉以制訂採取安全衛生管制措施的基本原則。

22

（ 3 ）　下列何者為目前國內事業單位建置職業安全衛生管理系統應依循的國家標準？
　　　　① CNS 14253-1　　　　　② CNS 14252
　　　　③ CNS 45001　　　　　　④ CNS 4782

│**解析**　　下列事業單位，雇主應依國家標準 CNS 45001 同等以上規定，建置適合該事業單位之職業安全衛生管理系統，並據以執行：

一、第一類事業勞工人數在 200 人以上者。

二、第二類事業勞工人數在 500 人以上者。

三、有從事石油裂解之石化工業工作場所者。

四、有從事製造、處置或使用危害性之化學品，數量達中央主管機關規定量以上之工作場所者。

前項安全衛生管理之執行，應作成紀錄，並保存 3 年。

23

（ 2 ）　企業推動風險管理之目的，下列何者為非？
　　　　①持續改善安全衛生達到零災害
　　　　②虛應法規要求及勞動檢查
　　　　③辨識工作場所的潛在危害並予以消弭或有效控制
　　　　④提升安全衛生自主管理能力

│**解析**　　推動風險管理之目的為持續改善安全衛生達到零災害、辨識工作場所的潛在危害並予以消弭或有效控制和提升安全衛生自主管理能力。

24

(1) 機械設備之缺失，勞工於實施自動檢查後發現，應如何處理？
① 應即報告上級主管　　　　② 不用理會繼續使用
③ 通報消防局　　　　　　　④ 勞動檢查機構

解析　職業安全衛生管理辦法第 81 條

勞工、主管人員及職業安全衛生管理人員實施檢查、檢點時，發現對勞工有危害之虞者，應即報告上級主管。

雇主依第 13 條至第 77 條規定實施自動檢查，發現有異常時，應立即檢修及採取必要措施。

25

(1) 第三類之事業單位，依職業安全衛生管理辦法規定，勞工人數在多少以上應建置職業安全衛生管理系統？
① 無規定　　　　　　　　　② 500
③ 300　　　　　　　　　　④ 200

解析　職業安全衛生管理辦法第 12-2 條

下列事業單位，雇主應依國家標準 CNS 45001 同等以上規定，建置適合該事業單位之職業安全衛生管理系統，並據以執行：

一、第一類事業勞工人數在 200 人以上者。

二、第二類事業勞工人數在 500 人以上者。

三、有從事石油裂解之石化工業工作場所者。

四、有從事製造、處置或使用危害性之化學品，數量達中央主管機關規定量以上之工作場所者。

綜上，無第三類事業單位應建置職業安全衛生系統之規定

26

（ 2 ） 臺灣職業安全衛生管理系統所涵蓋的項目，下列何者為非？
①員工參與 ②品質管理
③緊急應變 ④採購管理

解析 臺灣職業安全衛生管理系統包含：

4.1 政策

4.1.1 職業安全衛生政策

4.1.2 員工參與

4.2 組織設計

4.2.1 責任與義務

4.2.2 能力與訓練

4.2.3 職業安全衛生管理系統文件化

4.2.4 溝通

4.3 規劃與實施

4.3.1 先期審查

4.3.2 系統規劃、建立與實施

4.3.3 職業安全衛生目標

4.3.4 預防與控制措施

4.3.5 變更管理

4.3.6 緊急應變措施

4.3.7 採購

4.3.8 承攬

4.4 評估

4.4.1 績效監督與量測

4.4.2 調查與工作有關的傷病、不健康和事故及其對安全衛生績效的
影響

4.4.3 稽核

4.4.4 管理階層審查

4.5 改善措施

4.5.1 預防與矯正措施

4.5.2 持續改善

27

(1) 職業安全衛生管理系統中，最重要之安全衛生政策應由下列承諾？
① 雇主 　　　　　　　　　② 勞工
③ 第一線之主管 　　　　　④ 職業安全衛生人員

│解析 臺灣職業安全衛生管理系統指引 4.1.1 職業安全衛生政策

雇主應依據組織的規模及性質，並諮詢員工及其代表意見，訂定書面的職業安全衛生政策，以展現符合適用法令規章、預防與工作有關的傷病及持續改善之承諾。

28

(1) 依中央主管機關所訂之臺灣職業安全衛生管理系統指引中主要安全衛生項目，下列何者為非？
① 產能目標 　　　　　　　② 評估
③ 政策 　　　　　　　　　④ 規劃與實施

│解析 「臺灣職業安全衛生管理系統指引」包括：

1. 政策。

2. 組織設計。

3. 規劃與實施。

4. 評估。

5. 改善措施。

29

（ 3 ） 推動職業安全衛生管理系統之目的，下列何者為非？
① 持續改善安全衛生管理績效　　② 強化組織自主管理
③ 維護環境生態　　　　　　　　④ 降低職業災害

┃解析　臺灣職業安全衛生管理系統指引 1. 目的

臺灣職業安全衛生管理系統指引旨在指導組織的雇主與勞工共同建構職業安全衛生管理系統，以強化自主管理，持續改善職業安全衛生績效，降低職業災害，保護勞工安全與健康。

30

（ 3 ） 下列何者有關臺灣職業安全衛生管理系統特色之敘述有誤？
① 由大型且高風險事業單位優先推動
② 融合 ILO-OSH 指引與 CNS 45001 之要求
③ 政府強制推動高風險事業單位通過驗證
④ 可與 ISO9001、ISO14001 相容

┃解析　為激勵及擴大國內事業單位的參與，加速職場風險管控能力向上提升及與國際接軌，勞動部除積極研修法規規定高風險且大型的事業單位需優先推動職業安全衛生管理系統外，並首度以創新的「聯集」概念整併 ILO-OSH（2001）與 CNS 45001（2018）之要項，結合該二套制度的優點，研訂適合我國國情的「臺灣職業安全衛生管理系統指引」，簡稱 TOSHMS（Taiwan Occupational Safety and Health Management System）指引，其主要特色如下：

1. 同時符合國際規範並可發展為驗證標準。

2. 以融入企業經營的系統化管理體系降低企業風險。

3. 可適用於所有行業的原則性規範。

4. 採用 PDCA 管理模式提昇安全衛生管理績效。

依據職業安全衛生管理辦法 12-2

下列事業單位，雇主應依國家標準 CNS 45001 同等以上規定，建置適合該事業單位之職業安全衛生管理系統，並據以執行：

一、第一類事業勞工人數在二百人以上者。

二、第二類事業勞工人數在五百人以上者。……。

另外，ISO 從 2015 年起，針對不同管理系統標準，使用一個共通架構，方便執行整合驗證，彼此間可以相容。

31

（ 1 ） 下列有關臺灣職業安全衛生管理系統指引之敘述，何者錯誤？
①為重點式的管理
②系統化的管理制度
③採預防職災的理念
④目的在強化自主管理，持續改善安全衛生績效

解析 臺灣職業安全衛生管理系統採用 **PDCA** 管理模式提昇安全衛生管理績效：將企業品質管理及環境管理所熟悉的 P-D-C-A 管理手法應用於安全衛生管理，對各項安全衛生工作予以「標準化、文件化、程序化」，透過規劃（Plan）、實施（Do）、查核（Check）及改進（Action）的循環過程，實現安全衛生管理目標，並藉由持續不斷的體檢與發現問題，及時採取糾正措施。亦即採取 ISO「說、寫、做」合一的精神，透過系統稽核制度，以解決國內企業工安不落實的通病。

32

（ 1 ） 有關臺灣職業安全衛生管理系統指引中，「規劃與實施」之主要項目不包括下列何者？
①管理階層審查　　　　　　②變更管理
③預防與控制措施　　　　　④採購管理

解析 「管理階層審查」屬於「評估」。

33

(4) 依臺灣職業安全衛生管理系統指引所定預防與控制措施，下列何者為排列第一優先的預防及控制措施？
① 設置護欄及護蓋　　　　② 提供個人防護具
③ 實施教育訓練　　　　　④ 源頭消除危害及風險

解析　臺灣職業安全衛生管理系統指引 4.3.4 預防與控制措施

(1) 組織應建立及維持適當的程序，以持續辨識和評估各種影響員工安全衛生的危害及風險，並依下列優先順序進行預防和控制：

(a) 消除危害及風險。

(b) 經由工程控制或管理控制從源頭控制危害及風險。

(c) 設計安全的作業制度，包括行政管理措施將危害及風險的影響減到最低。

(d) 當綜合上述方法仍然不能控制殘餘的危害及風險時，雇主應免費提供適當的個人防護具，並採取措施確保防護具的使用和維護。

34

(1) 下列何者為作為說明管理系統各主要要素及彼此間的關聯，並應依其需求制定、管理和維持紀錄？
① 系統文件化　　　　　　② 管理階級審查
③ 溝通　　　　　　　　　④ 先期審查

解析　系統文件化之規定如下：

(1) 組織應依其規模及活動性質，建立並維持職業安全衛生系統文件化，以說明管理系統的主要要素及彼此間的關聯，並作為相關作業的指南。

(2) 組織應依其需求制定、管理和維持職業安全衛生紀錄，以展現符合本職業安全衛生管理系統的要求，及結果的達成。

(3) 在遵守保密要求的前提下，員工有權獲取與其作業環境和健康相關的紀錄。

35

（ 1 ） 哪些為主要系統架構建置期須完成事項？
① 召開啟始會議、安衛風險評估
② 先期審查、系統運作及記錄
③ 法規鑑別查核、安衛風險評估
④ 政策目標及方案、系統運作及記錄

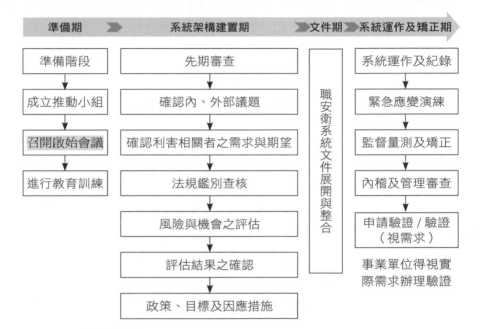

解析

資料來源：https：//www.toshms.org.tw/MankFlow

36

（ 4 ） 實施安全衛生檢查以後必須採取下列哪一項措施能達到防止職業災害，保障勞工安全與健康之目的：
① 提出檢查報告　　② 聘請專家指導
③ 召開研討會　　　④ 務使確實改善

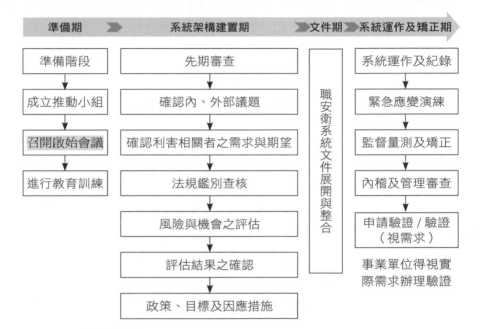

│ 解析 　實施安全衛生檢查以後<mark>務使確實改善</mark>，方能達到防止職業災害，保障勞工安全與健康之目的。

37

（ 1 ） 製作勞工安全衛生教育訓練計畫，依各項安全衛生指標，分析是否符合安全衛生方針政策等既定目標，再決定何部門需調整訓練，這種教育訓練需求之分析是屬於下列何者？
　①組織層級的分析　　　　　②工作層級的分析
　③個人階級的分析　　　　　④機械設備層級的分析

│ 解析 　<mark>組織</mark>須製作勞工安全衛生教育訓練計畫，依各項安全衛生指標，分析是否符合安全衛生方針政策等既定目標，再決定何部門需調整訓練。

38

（ 3 ） 下列何者為發揮安全衛生組織功能的主要關鍵？
　①建立安全衛生管理計畫　　②研議安全衛生教育訓練計畫
　③良好溝通與協調　　　　　④研議各項安全衛生提案

│ 解析 　良好溝通與協調為發揮安全衛生組織功能的主要關鍵。

39

（ 3 ） 下列何者較不屬於檢討上年度勞工安全衛生管理計畫的目的？
　①了解哪些工作要繼續進行
　②要增加哪些新工作
　③修訂下年度有機溶劑依法應實施作業環境測定的頻率
　④所完成之工作獲得什麼效果

│ 解析 　檢討上年度勞工安全衛生管理計畫的目的<mark>為確認所完成之工作獲得什麼效果</mark>、<mark>了解哪些工作要繼續進行</mark>及<mark>要增加哪些新工作</mark>。

40

（ 3 ） 下列何者非臺灣職業安全衛生管理系統指引所強調之主要項目？
①員工參與　　　　　　　　　②承攬管理
③環境影響評估　　　　　　　④採購管理

| 解析　環境影響評估屬於環境保護法規之內容。

41

（ 4 ） 管理計畫之變更，下列何者屬於變更管理的變更？
①作業方法　　　　　　　　　②作業條件
③原物料　　　　　　　　　　④公司組織

| 解析　依據「變更管理技術指引」，變更係指製程、活動或服務中各項作業之變更，包括作業之條件、方法、原物料、機械或設備等，並未涉及事業單位組織架構調整、人員異動等。

42

（ 2 ） 下列有關職業安全衛生管理規章之敘述，何者有誤？
①不一定要有一定格式
②須報勞動檢查機構備查
③規章之結構應包含制定目的、適用範圍等項目
④一般組織管理經驗可納入作為依據

| 解析　依據職業安全衛生管理辦法規定，須報請勞動檢查機構備查之項目為安衛人員設置及制定工作守則。

43

（ 4 ） 事業單位建置職業安全衛生管理系統時，應參照下列何者辦理？

①教育訓練規則

②職業安全衛生設施規則

③戶外高氣溫熱危害預防指引

④依國家標準 CNS 45001 同等以上及職業安全衛生管理系統指引

解析 依職業安全衛生管理辦法第 12-2 條規定：

下列事業單位，雇主應依國家標準 **CNS 45001** 同等以上規定，建置
適合該事業單位之職業安全衛生管理系統，並據以執行：（以下略）

44

（ 2 ） 下列何者是職業安全衛生管理系統中，安全衛生政策之制定原則？

①由管理階層自行訂定對外宣示

②遵守法令為基本目標，應持續改善職業安全衛生管理系統績效

③符合法令之基本門檻

④符合 ISO 國際標準

解析 安全衛生政策之制定除了遵守當地法令為基本目標外，應落實
PDCA 持續改善職業安全衛生管理系統績效。

2-2 風險評估

甲 乙 丙 丁

(含危害辨識、製程安全評估、危害控制)

01

(4) 下列有關危害辨識之敘述，何者有誤？

① 事業單位須針對作業活動及環境進行危害辨識，界定潛在危害之分類或類型

② 對現有可有效預防發生可能性及減輕後果嚴重度之控制措施須辨識

③ 事業單位應針對作業之危害來源，辨識出最嚴重後果

④ 危害辨識涉及專案，只有職安人員可執行危害辨識

解析 製程安全評估定期實施辦法第 7 條

第 4 條所定製程安全評估，應由下列人員組成評估小組實施之：

一、工作場所負責人。

二、曾受國內外製程安全評估專業訓練或具有製程安全評估專業能力，持有證明文件，且經中央主管機關認可者。

三、依職業安全衛生管理辦法設置之職業安全衛生人員。

四、工作場所作業主管。

五、熟悉該場所作業之勞工（如領班）。

02

（ 3 ） 下列有關風險評估之作業流程，何者正確？ A. 依製程、活動或服務之流程辨識出所有的作業或工程 B. 確認各項作業的相關條件 C. 確認現有可降低危害之發生可能性及後果嚴重度的防護設施 D. 辨識出各項作業可能的危害類型，並描述發生危害的因素及導致後果的情境

① BACD　　　　　　② DCBA

③ ABDC　　　　　　④ CDAB

解析 風險評估之作業流程：

1. 依製程、活動或服務之流程辨識出所有的作業或工程。

2. 確認各項作業的相關條件。

3. 辨識出各項作業可能的危害類型，並描述發生危害的因素及導致後果的情境。

4. 確認現有可降低危害之發生可能性及後果嚴重度的防護設施。

03

（ 1 ） 下列有關事業單位於風險控制措施完成後，為確保其遵循度及控制成效之敘述，何者有誤？

① 對於無法達到預期成效者，即視為已完成則無須修正控制措施

② 檢討風險控制措施其適用性及有效性

③ 確認風險可被消減至預期成效

④ 定期或不定期進行監督與量測

解析 風險控制措施完成後，為確保其遵循度及控制成效，對於無法達到預期成效者，則持續修正控制措施，直到達到預期成效。

04

(1) 下列有關危害辨識及風險評估之功能，何者錯誤？

①精確計算事故發生的可能性，作為無須保險之依據

②提昇職業安全衛生管理績效，進而達到永續經營之目的

③可協助事業單位建置良好的職業安全衛生管理系統

④有效控制危害及風險，預防與消減災害

解析 危害辨識及風險評估雖然可以精確計算事故發生的可能性，但不能作為無須保險之依據。

05

(3) 下列哪種方法不宜用於針對重大危害區域之評估？

①危害與可操作性分析　　②失誤模式與影響分析

③預知危險　　④檢核表

解析 預知危險為風險辨識常用的方法，不適合用在已知有重大危害之區域。

06

(1) 危險性工作場所審查及檢查辦法規定，下列何種危險性工作場所須執行施工安全評估？

①丁類　　②乙類

③丙類　　④甲類

解析 危險性工作場所審查及檢查辦法第 17 條

事業單位向檢查機構申請審查丁類工作場所，應填具申請書，並檢附施工安全評估人員及其所僱之專任工程人員、相關執業技師或開業建築師之簽章文件，及下列資料各 3 份：

一、施工計畫書，內容如附件十四。

二、施工安全評估報告書，內容如附件十五。

前項專任工程人員、相關執業技師或開業建築師簽章文件，以職業安全衛生設施涉及專業技術部分之事項為限。

事業單位提出審查申請時，應確認專任工程人員、相關執業技師或開業建築師之簽章無誤。

對於工程內容較複雜、工期較長、施工條件變動性較大等特殊狀況之營造工程，得報經檢查機構同意後，分段申請審查。

07

（ 1 ） 高溫作業場所，依勞工作業環境監測實施辦法規定，應每隔多久測定綜合溫度熱指數 1 次以上？
① 3 個月　　　　　　　② 2 年
③ 1 年　　　　　　　　④ 6 個月

解析　勞工作業環境監測實施辦法第 8 條

本法施行細則第 17 條第 2 項第 4 款規定之作業場所，雇主應依下列規定，實施作業環境監測：

一、下列作業場所，其勞工工作日時量平均綜合溫度熱指數在中央主管機關規定值以上者，應每 3 個月監測綜合溫度熱指數 1 次以上：

（一）於鍋爐房從事工作之作業場所。

（二）處理灼熱鋼鐵或其他金屬塊之壓軋及鍛造之作業場所。

（三）鑄造間內處理熔融鋼鐵或其他金屬之作業場所。

（四）處理鋼鐵或其他金屬類物料之加熱或熔煉之作業場所。

（五）處理搪瓷、玻璃及高溫熔料或操作電石熔爐之作業場所。

（六）於蒸汽機車、輪船機房從事工作之作業場所。

（七）從事蒸汽操作、燒窯等之作業場所。

08

(**1**) 故障樹分析之縮寫為何？
　　① FTA　　　　　　　② PHA
　　③ ETA　　　　　　　④ FMEA

| **解析** **FTA：Fault Tree Analysis**。

PHA：Preliminary Hazard Analysis/Process Hazard Analysis。

ETA：Event Tree Analysis。

FMEA：Failure Mode and Effect Analysis。

09

(**2**) 作業人員欲瞭解化學品之危害性，下列何者為獲得相關資訊最好之途徑？
　　①工作守則　　　　　　②安全資料表
　　③化學品存量　　　　　④法規

| **解析** 危害性化學品標示及通識規則第 13 條

製造者、輸入者或供應者提供前條之化學品與事業單位或自營作業者前，應提供安全資料表，該化學品為含有 2 種以上危害成分之混合物時，應依其混合後之危害性，製作安全資料表。

10

(**3**) 骨折住院 3 天，於風險評估的嚴重度判斷時，屬於何種傷害？
　　①輕傷害　　　　　　　②重度傷害
　　③中度傷害　　　　　　④虛驚事故

| **解析** 執行職務遭受不法侵害預防指引附錄一

職場不法侵害預防之危害辨識及風險評估表

※ 風險評估方式說明：

一、風險可由危害嚴重性及可能性之組合判定。評估嚴重度可考慮下列因素：

（一）可能受到傷害或影響的部位、傷害人數等。

（二）傷害程度，一般可簡易區分為：

1. 輕度傷害，如：(1) 表皮受傷、輕微割傷、瘀傷；(2) 不適和刺激，如頭痛等暫時性的病痛；(3) 言語上騷擾，造成心理短暫不舒服。

2. 中度傷害，如：(1) 割傷、燙傷、腦震盪、嚴重扭傷、輕微骨折；(2) 造成上肢異常及輕度永久性失能；(3) 遭受言語或肢體騷擾，造成心理極度不舒服。

3. 嚴重傷害，如：(1) 截肢、嚴重骨折、中毒、多重及致命傷害；(2) 其它嚴重縮短生命及急性致命傷害；(3) 遭受言語或肢體騷擾，可能造成精神相關疾病。

11

（ 2 ）下列有關危害性化學品之管制措施，何者有誤？
① 提供勞工適當個人防護具
② 各種廢液瓶可倒在同一廢液回收桶，以方便處理
③ 定期記錄盤點危害物質
④ 應置備安全資料表

解析　危害性化學品混合前應該彼此的相容性，確認無混合危險後，方可混合。

12

（ 1 ） 辨識機械危害所需思考之因素，下列何者為非？
　① 這台機械購置成本
　② 預期機械會產生什麼旋轉、來回運動或上下移動
　③ 這台機械處理什麼原料、如何處理加工
　④ 產生什麼廢料

┃解析 成本不是辨識危害所需要考慮的因素。

13

（ 3 ） 職業安全衛生管理計畫中，達成失能傷害頻率在 **0.13** 以下，屬何管理要項？
　① 基本方針　　　　　　　② 預定進度
　③ 計畫目標　　　　　　　④ 實施細目

┃解析 達成一定具體目標，屬於職業安全衛生管理計畫中之計畫目標。

14

（ 1 ） 預防職業災害，下列何者為應優先考量之手段？
　① 消除或取代危害發生源　② 提供個人防護具
　③ 行政管理　　　　　　　④ 教育訓練

┃解析 預防職業災害考量之手段之優先順序為：

1. 消除危害。

2. 以低危害作業取代高危害作業。

3. 密閉或隔離危害。

4. 使用自動化製程或濕式製程。

5. 行政管理。

6. 教育訓練。

7. 提供個人防護具。

15

(4) 半定量風險評估時，下列何者非常用之表格？
①嚴重度分級表 　　　　②風險等級矩陣
③可能性分級表 　　　　④危害性分級表

解析 半定量風險評估方式係先將危害發生可能性與嚴重度分級，再透過風險矩陣表劃分風險等級，故其常用表格有可能性分級表、嚴重度分級表及風險等級矩陣。

16

(2) 下列何者為勞動檢查法規定不需實施製程安全評估之危險性工作場所？
①從事石油裂解之石化工業
②中央主管機關會商目的事業主管機關指定之營造工程
③農藥製造
④爆竹煙火工廠及火藥類製造

解析 營造工程實施之安全評估為施工安全評估。

17

(1) 下列何者非屬雇主於製程安全評估應依操作特性建立之製程安全資訊？
①操作人員家庭財務及產險資訊
②製程技術資訊
③製程化學資訊
④製程設備資訊

解析 製程安全評估定期實施辦法附表一
製程安全資訊內容包含下列事項：
一、高度危險化學品之危害資訊：

（一）毒性資訊。

（二）容許暴露濃度。

（三）物理數據。

（四）反應性數據。

（五）腐蝕性數據。

（六）熱及化學安定性數據。

（七）可能發生不慎與其他物質混合危害後果。

二、製程技術相關資訊：

（一）方塊流程圖或簡化製程流程圖。

（二）製程化學反應資料。

（三）預期最大存量。

（四）溫度、壓力、流量或組成等之安全上、下限。

（五）製程偏移後果評估，包括可能影響勞工安全及健康事項。

三、製程設備相關資訊：

（一）建造材料。

（二）管線與儀錶圖（P&ID's）。

（三）防爆區域劃分。

（四）釋壓系統設計及設計依據。

（五）通風系統設計。

（六）使用之設計規範及標準。

（七）質能平衡資料。

（八）安全系統如安全連鎖、偵測或抑制系統。

（九）製程設備之設計、製造及操作符合相關法令規定之證明
　　　文件。

18

(1)　最後一個管理工作場所安全衛生風險的步驟為何？
①風險控制　　　　　　　②風險評估
③危害辨識　　　　　　　④定性分析

解析　風險管理的步驟依序為危害辨識、風險評估（定性、半定量或定量）及風險控制。

19

(2)　風險評估時，可以下列何者實施定量評估？
①初步危害分析　　　　　②失誤樹分析
③檢核表分析　　　　　　④危害與可操作分析

解析　初步危害分析：定性。

失誤樹分析：定量。

檢核表分析：定性。

危害與可操作分析：定性或半定量。

20

(4)　下列有關危害辨識之敘述，何者有誤？
①要找尋工作場所中所有可能造成人員傷害的作業在因素
②應涵蓋例行性和非例行性的作業活動
③要有系統的進行，考量現場、辦公室或外部工作人員的作業活動
④只需針對有安全疑慮的工作項目辦理即可

解析　風險評估技術指引第4點風險評估之作業流程及基本考量

（二）辨識危害及後果

2.　事業單位應針對作業的危害源，辨識出所有的潛在危害、及其發生原因與合理且最嚴重的後果。

21

（ 3 ） 下列何者非屬製程安全評估定期實施辦法所稱製程修改？
①對適用工作場所之製程化學品之變更
②製程操作程序之變更
③製程操作人員異動
④製程設備之變更

解析 製程安全評估定期實施辦法第 3 條

本辦法所稱製程安全評估，指利用結構化、系統化方式，辨識、分析前條工作場所潛在危害，而採取必要預防措施之評估。

本辦法所稱製程修改，指前條工作場所既有安全防護措施未能控制新潛在危害之製程化學品、技術、設備、操作程序或規模之變更。

22

（ 1 ） 事業單位製程危害控制措施，依製程安全評估定期實施辦法規定，不包括下列何者？
①領導 　　　　　　　　②變更管理
③承攬管理 　　　　　　④機械完整性

解析 製程安全評估定期實施辦法第 4 條

第 2 條之工作場所，事業單位應每 5 年就下列事項，實施製程安全評估：

一、製程安全資訊。

二、製程危害控制措施。

實施前項評估之過程及結果，應予記錄，並製作製程安全評估報告及採取必要之預防措施，評估報告內容應包括下列各項：

一、實施前項評估過程之必要文件及結果。

二、勞工參與。

三、標準作業程序。

四、教育訓練。

五、承攬管理。

六、啟動前安全檢查。

七、機械完整性。

八、動火許可。

九、變更管理。

十、事故調查。

十一、緊急應變。

十二、符合性稽核。

十三、商業機密。

前二項有關製程安全評估之規定，於製程修改時，亦適用之。

23

（ 1 ） 下列何者非工作安全分析要辨識作業中潛在的危害根源？
①訓練　　　　　　　　　②方法
③人員　　　　　　　　　④材料

解析 作業中可能的潛在危害包含人、機械、材料、工作方法及環境。

24

（ 1 ） 下列何者為經由工作安全分析，建立正確工作程序，以消除工作時不安全的行為、設備與環境，確保工作安全的標準？
①安全作業標準　　　　　②安全觀察
③風險管理　　　　　　　④工作安全分析

解析 工作安全分析係藉由分析工作情形，以發掘各工作步驟中的潛在危害，再加上防護措施及改善措施，以建立安全的工作方法，經由工作安全分析後，可建立安全作業標準。即經由工作安全分析，建立正確的工作程序，以消除工作時的不安全行為、設備與環境，以確保工作安全的標準。

25

(1) 工作安全分析中，下列何者為最後一個程序？
①尋求避免危害及可能發生事故的方法
②決定要分析的工作
③找出危害及可能發生的事故
④將工作分解成若干步驟

| 解析　工作安全分析的程序：

1. 決定要分析的工作。

2. 將工作分解成若干步驟。

3. 找出危害及可能發生的事故。

4. 尋求避免危害及可能發生事故的方法。

26

(4) 工作安全分析優先考慮的對象，下列何種工作為非？
①傷害頻率高者　　　　　②新工作
③臨時性工作　　　　　　④低風險性工作

| 解析　工作安全分析之作業順序：

1. 傷害頻率高之作業。

2. 傷害嚴重率高之作業。

3. 具有潛在嚴重危害之作業。

4. 臨時性之作業。

5. 經常性但非生產性。

6. 新工作。

27

（ 2 ） 工作安全分析的批准者，下列何者最適合？

① 事業經營負責人　　　　　② 廠長

③ 職業安全衛生人員　　　　④ 領班

解析　工作安全分析之意義 - 結合工作分析與預知危險。

工作安全分析之目的 - 確保工作安全。

工作安全分析之分析者 - 領班。

工作安全分析之審核者 - 現場主管。

工作安全分析之核准者 - 高階主管。

28

（ 4 ） 下列何者為在工作安全分析應考慮的不安全主體為？

① 材料　　　　　　　　　② 機械

③ 環境　　　　　　　　　④ 人

解析　工作安全分析應注意事項：

1. 人員方面：不安全主體是人，人的知識、經驗、意願、身體狀況及精神狀況等都是造成人為失誤的主要因素。

2. 方法方面：作業程序中的作業程序、步驟及工作方法都是影響工作安全的重要因素。

3. 機械方面：作業中所需使用的機械、設備、器具及工具等有無安全裝置、是否為本質安全、有無維護保養或定期檢查都需要加以考慮。

4. 材料方面：作業中所需使用之物料及材料都應在工作安全分析表上列明，以便於作業而可檢查是否齊全有無缺陷。

5. 環境方面：作業場所空間情形、安全狀況、空氣、濕度、噪音、照明條件、安全標示及危險有害物標示都是影響作業安全關鍵因素。

29

（ 3 ） 下列何者非屬安全作業標準之製作程序？
①確認實際工作步驟　　②規劃事故之處理
③實施自動檢查　　　　④辨識不安全因素

解析　工作安全分析的程序：

1. 決定要分析的工作：選擇安全分析的工作，避免徒然造成人力物力之浪費。

2. 將工作分解成若干步驟：將工作依實施先後順序分主要步驟，分解時不宜過於瑣碎，避免不必要的步驟。

3. 找出危害及可能發生的事故：找出每一個基本步驟可能的潛在危害、危險及可能發生之後果。

4. 尋求避免危害及可能發生事故的方法：針對每個基本步驟之潛在危害、危險及可能發生之後果，逐一尋求防止的對策，可運用經驗、討論、參考有關安全衛生法令與文獻或專家之專業意見擬定有效且確切可行的安全對策。

30

（ 1 ） 下列何者為製作安全作業標準首要步驟？
①確認實際工作步驟　　②不安全因素
③可能造成之傷害　　　④事故處理之方法

解析　製作安全作業標準步驟：

1. 確認實際工作步驟。

2. 不安全之因素。

3. 可能造成之傷害。

4. 事故處理之方法。

31

（ 3 ） 下列何者為以簡單的公式描述風險評估方法？

①風險 x 暴露＝危害　　②風險 x 危害＝評估

③危害 x 暴露＝風險　　④危害 x 風險＝暴露

解析　風險評估技術指引第 4 點風險評估之作業流程及基本考量

（四）評估危害的風險

1. 風險為危害事件之嚴重度（危害）及發生可能性（暴露）的組合，評估時不必過於強調須有精確數值的量化分析，事業單位可自行設計簡單的風險等級判定基準，以相對風險等級方式，作為改善優先順序的參考。

32

（ 2 ） 為實施工作場所風險評估，下列何者為第一步驟？

①決定控制方法　　②危害辨識

③採取控制措施　　④計算風險等級

解析　風險評估技術指引第 4 點風險評估之作業流程及基本考量

風險評估的參考作業流程：

（一）辨識出所有的作業或工程。

（二）辨識危害及後果。

（三）確認現有防護設施。

（四）評估危害的風險。

（五）決定降低風險的控制措施。

（六）確認採取控制措施後的殘餘風險。

33

（ 1 ） 下列有關風險之敘述，何者有誤？
①評估時一定需依據精確數值之量化分析
②事業單位可自行設計風險等級判定基準
③需辨識潛在危害，並分別評估其風險等級
④為危害嚴重度及危害發生可能性之組合

解析 風險評估方式分為定性、半定量及定量，於不同製程階段，以適當方式為之。

34

（ 1 ） 下列有關風險管理的三大主要工作，何者有誤？
①企業保險　　　　　　　　②危害辨識
③風險評估　　　　　　　　④風險控制

解析 風險管理三大主要工作：1. 風險辨識、2. 風險評估、3. 風險控制

35

（ 3 ） 下列有關風險之敘述，何者有誤？
①須先辨識潛在危害
②為嚴重度和可能性之組合
③一定要準確之量化分析
④可自行設計風險等級判定基準

解析 風險評估方式分為：(1) 定性評估 (2) 半定量評估 (3) 定量評估，其中只有定量評估為量化分析。

36

（ 2 ）　下列何者不是執行風險評估的時機？
①建立 TOSHMS 系統時　　②因應驗證機構稽核時
③使用新化學物質時　　　④作業方法變更時

解析　在風險評估管理計畫或程序中須明確規定執行風險評估的時機，例如：（一）建立安全衛生管理計畫或職業安全衛生管理系統時。（二）新的化學物質、機械、設備、或作業活動等導入時。（三）機械、設備、作業方法或條件等變更時。

37

（ 1 ）　在便利商店工作之勞工易因下列何種原因而產生何種傷害？
①因長時間久站，造成下肢靜脈曲張
②因食用過期食品，產生營養不良
③因高學歷，而產生暴力傾向
④缺乏運動，造成肥胖

解析　便利商店員工主要的工作為補貨和收銀，均需長時間站立，易造成下肢靜脈曲張。

38

（ 1 ）　在降低風險的控制措施中，不使用危害物質，屬於下列何者？
①消除　　　　　　　　②工程控制措施
③管理控制措施　　　　④取代

解析　在風險控制措施中，對於不可接受風險項目應依消除、取代、工程控制、管理控制及個人防護具等優先順序，並考量現有技術能力及可用資源等因素，採取有效降低風險的控制措施。
若可能，須先「消除」所有危害或風險之潛在根源，如使用無毒性化學、本質安全設計之機械設備。

39

（ 4 ） 當風險已被降低至可被容忍的程度，又稱之為何？

① 高度風險 　　　　　　　　　 ② 低度風險

③ 中度風險 　　　　　　　　　 ④ 可接受風險

| **解析** 　風險控制的目的是透過採取有效危害預防措施，將風險降低至可接受風險（acceptable level）範圍內，將危害預防的成本效益最大化。

40

（ 2 ） HazOp 為下列何種評估方法之縮寫？

① 失誤模式與影響分析 　　　　 ② 危害及可操作性分析

③ 故障樹分析 　　　　　　　　 ④ 初步危害分析

| **解析** 　HazOp（Hazard and Operability studies 危險與可操作性分析）

2-3 承攬管理
(含採購管理及變更管理)

甲 乙 丙 丁

01

(2) 事業單位以其事業之全部或一部分交付承攬時，依職業安全衛生法規定，應於事前告知該承攬人之事項，下列何者不包括在內？
① 有關其事業工作環境
② 事業安全衛生績效目標
③ 有關安全衛生規定應採取之措施
④ 有關其事業之危害因素

解析 職業安全衛生法第 26 條

事業單位以其事業之全部或一部分交付承攬時，應於事前告知該承攬人有關其事業工作環境、危害因素暨本法及有關安全衛生規定應採取之措施。

承攬人就其承攬之全部或一部分交付再承攬時，承攬人亦應依前項規定告知再承攬人。

02

(1) 請問下列哪一情況屬於不認定具承攬關係？
① 事業單位將部分工作交由他人施工，本身仍具指揮、監督、統籌規劃之權者
② 事業單位將廠房外牆粉刷請人施作僅約定 5 日後要完成，工作期間並未加以干涉
③ 事業單位將設備之檢修以點工方式請人施作並未由其指揮
④ 事業單位購買原料約定賣方將原料放置倉庫一處

解析 加強職業安全衛生法第 26 條及第 27 條檢查注意事項第 2 點承攬關係之認定

（一）承攬與僱傭

「稱承攬者，謂當事人約定，一方為他方完成一定之工作，他方俟工作完成，給付報酬之契約。」；「稱僱傭者，謂當事人約定，一方於一定或不定之期限內為他方服勞務，他方給付報酬之契約。」，於民法第 482 條及第 490 條定有明文。承攬在當事人二者之間不具從屬關係，有關承攬關係之認定，除依上述原則外，仍應就民法債編中所提承攬人特徵，如品質保證、瑕疵修補、解約或減少報酬損害賠償、危險負擔等加以分析認定。

（二）勞動契約與承攬契約勞動契約係以勞動給付為目的，承攬契約係以勞動結果為目的；勞動契約為於一定期間內受僱人應依雇方之指示，從事一定種類之活動，而承攬契約承攬人只負完成一個或數個工作之責任。

（三）事業單位將工程部分工作，以代工不帶料方式交付自然人施工，勞動檢查機構應調查該自然人是否以提供勞務為主，及事業單位對該工程是否具統籌規劃、管理及指揮監督權限。調查事實及證據時，應就整體工程範圍之統籌規劃、管理及指揮監督權等層面認定之，且勞務給付部分，只要存在有部分從屬性，即可從寬認定為勞動契約。

（四）以計件為要件，且受管理、指揮、監督，訂定之勞動契約不視為承攬。

（五）自營作業者之認定，以管理、監督、指揮之有無決定之，如未能證明其不受管理、監督、指揮，一般以僱傭關係視為勞工。

（六）事業單位僅將部分工作交由他人施工，本身仍具指揮、監督、統籌規劃之權者，應不認定具承攬關係。

（七）移動式起重機「連人帶車」之租賃關係，如出租人除出租移動式起重機供租用人使用外，並指派操作人員完成租用人之一定工作（吊掛作業），則雖名為租賃，其間並非單純之起重機租賃關係，而係租賃兼具承攬關係。

（八）事業單位廠房、設備之檢修、保養及增添機器、設備之安裝工作，如僅以僱工方式從事者，不認定為承攬。

03

（ 4 ） 事業單位以其事業之全部或一部分交付承攬，並與承攬人、再承攬人分別僱用勞工共同作業，若承攬人所使用之移動梯不符規定時，下列敘述何者不合適？

① 原事業單位應給予指導使其符合規定

② 原事業單位應限制其不准使用

③ 原事業單位對進場之機具應有協議管制之機制

④ 屬承攬人之設備，原事業單位不能管制

解析 加強職業安全衛生法第 26 條及第 27 條檢查注意事項第 4 點職業安全衛生法第 27 條檢查注意事項

(三) 原事業單位與承攬人共同作業時應採取之「必要措施」：

1. 設置協議組織，並指定工作場所負責人，擔任指揮、監督及協調之工作（第 1 款）

   (1) 協議組織應由原事業單位工作場所負責人或其代理人召集之，所有承攬人、再承攬人等之現場工作場所負責人（非職業安全衛生人員）均應參與協議組織運作，並就共同作業應配合及協調等內容，定期或不定期協議下列事項（職業安全衛生法施行細則第 38 條）：

      a. 安全衛生管理計畫之實施及配合。

      b. 勞工作業安全衛生及健康管理規範。

      c. 從事動火、高架、開挖、爆破、高壓電活線等危險作業之管制。

      d. 對進入局限空間、有害物質作業等作業環境之作業管制。

      e. 電氣機具入廠管制。

      f. 作業人員進場管制，於工作場所出入口、作業場所（如局限空間、高架作業等）建立管制性檢查制度，例如實施安全衛生教育訓練、健康檢查及參加勞工保險等之查核。

g. 變更管理。

h. 劃一危險性機械之操作信號、工作場所標識（示）、有害物空容器放置、警報、緊急避難方法及訓練等事項。

i. 使用打樁機、拔樁機、電動機械、電動器具、軌道裝置、乙炔熔接裝置、電弧熔接裝置、換氣裝置及沉箱、架設通道、施工架、工作架台等機械、設備或構造物時，應協調使用上之安全措施。

j. 其他認有必要之協調事項（如工程說明與附隨工程安全之注意事項、相關承攬事業單位之提議事項、預定共同安全巡視之實施要項及有關檢點巡視發現之問題等）。

(2) 原事業單位指定之工作場所負責人應為於該工作場所中代表雇主實際執行管理、指揮或監督勞工從事工作之人，即職業安全衛生統合管理負責人，如負責現場管理之最高主管。

2. 工作之連繫及調整（第 2 款）

為了原事業單位、承攬人及再承攬人間彼此的緊密連絡，以安排相關作業之調整，在每日的安全施工程序協調會中，工作場所負責人或其代理人應經常進行施工或工作程序的連繫及調整，下列高危險性作業的連繫及調整，特別要落實執行：

(1) 關於前後作業的工作時間的調整，保養的方法，機械停止運轉，停電及供電，作業人員進入管制等危害防止措施的連繫。

(2) 關於施工架，模板，起重機，打（拔）樁機之組合及拆卸等作業時間的調整及危害防止措施的連繫。

(3) 關於物料吊升、卸貨作業時，周邊作業人員間作業時間的調整及危害防止措施的連繫。

(4) 使用同一施工架進行作業時間之調整，以及作業人員間的聯絡方法。

(5) 使用營建機械進行作業時與周邊作業人員的連絡及調整。

(6) 爆破等相關作業時間的預告與其實施時間的連絡及調整。

(7) 起重機等危險性機械操作信號的統一。

(8) 有機溶劑等有害物容器存放場所的統一。

(9) 工作場所標識（示）的統一。

3. 工作場所之巡視（第 3 款）

工作場所負責人或其代理人，必須每日巡視工作場所 1 次以上，以確認設施的安全、協議事項及連繫與調整事項的落實，並發掘相關問題。在巡視時如發現承攬人或其作業人員有違法情事應予以糾正。巡視之結果應每日就異常之有無及糾正結果加以記錄。

4. 相關承攬事業間之安全衛生教育之指導及協助（第 4 款）

原事業單位基於對關係承攬人之安全衛生教育的指導及協助的立場，有必要進行教育設施的提供，教育資料的提供，講師的支援等，並就交付承攬事業可能產生之危害風險（如墜落、感電、捲夾等引起之災害），督促承攬人、再承攬人對其所僱用勞工實施職業安全衛生相關教育訓練，以符合職業安全衛生條件有關法令規定。

5. 其他為防止職業災害之必要事項（第 5 款）：依職業安全衛生法令規定採取必要安全措施者。

04

（ 2 ） 原事業單位擬將事業一部分交付承攬，請問下列哪一條件是選擇承攬人之優先考量？
① 安全衛生管理人數量　　　　② 安全衛生績效
③ 安全衛生教育訓練時數　　　④ 安全衛生經費比例

解析 承攬管理技術指引｜四、承攬管理之作業流程及基本考量

（四）承攬人之選擇及評估

事業單位應訂定包含安全衛生準則之承攬人評估及選擇程序，並考量承攬期間之安全衛生績效，作為合適承攬人選擇之依據。

05

(4) 就安全衛生管理來說，下列何者敘述不正確？

①經常性交付承攬之作業，宜事先依據危害辨識資料及風險評估相關程序，辨識出潛在之危害及相關控制措施

②對於運輸作業之承攬，除須評估在本身廠（場）內之危害及風險外，也應評估運送至客戶期間交通上之危害及風險

③臨時性交付之承攬作業，在正式施工前亦應先完成危害辨識及風險評估

④工作交付承攬後係屬承攬人責任，原事業單位事前不須對該項工作實施危害辨識

| 解析　加強職業安全衛生法第 26 條及第 27 條檢查注意事項第 3 點職業安全衛生法第 26 條檢查注意事項

事業單位之設備維護與修理、物料吊掛與搬運及工程施作等作業常交付承攬，這些作業因原事業單位較熟悉危險及有害狀況，故責由其實施必要之指導及告知，使其承攬人不致違反相關規定及發生職業災害。

06

(3) 事業單位對承攬人有告知危害因素之義務，請問下列哪一種告知方式未符合職安法之相關規定？

①作業前以協議紀錄記載具體告知事項

②合約中就作業環境危害列舉具體防範措施

③就分項工作之作業危害及應採取措施僅以口頭告知

④就分項工程之作業危害及應採取措施以書面具體告知

| 解析　依據勞動部訂定加強職業安全衛生法第 26 條及第 27 條檢查注意事項第 3 點職業安全衛生法第 26 條檢查注意事項

(三) 告知時機：應於以其事業交付承攬時或工作進行之前告知。於作業開始後才告知者，視為違反應於事前告知之規定。

（四）告知方式：應以書面為之或召開協商會議並作成紀錄。未有書面告知或召開協商會議作成紀錄等佐證資料者，應於會談紀錄記載「無書面告知紀錄」、「書面告知未簽認」（防止事後補作紀錄）或「未有協商會議紀錄」，並據以認定為違反規定。（職業安全衛生法施行細則第 36 條），例如：事業單位於○○工程○○作業前以合約、備忘錄、協議紀錄、工程會議紀錄、安全衛生日誌等任何形式文件書面告知承攬人其作業環境、危害因素暨依職業安全衛生法及有關安全衛生規定應採防災措施者，勞動檢查機構得認定合乎規定，並於會談紀錄中記載告知事實，如○○作業已以○○文件紀錄具體告知，必要時影印存檔。

（五）告知內容：告知之內容應為事業單位交付承攬範圍內，原事業單位之工作環境、作業活動與承攬人提供其勞務有相關之勞動場所內之建築物、設備、器具、危險作業（如動火作業、高架作業、開挖作業、爆破作業、高壓電活線作業等）及有害作業環境（如局限空間作業、危害物質作業、高溫作業、生物危害作業等）所可能引起之危害因素暨相關之職業安全衛生法令規定應採取之措施。

07

（ 4 ） 事業單位分別交付二個以上承攬人共同作業而未參與共同作業時，下列哪一選項描述正確？
① 由承攬人抽籤決定負原事業單位之承攬管理責任
② 應由承攬人互推一人負原事業單位之承攬管理責任
③ 仍應依規定負原事業單位之承攬管理責任
④ 應指定承攬人之一負原事業單位之承攬管理責任

解析 職業安全衛生法第 27 條第 2 項

事業單位分別交付二個以上承攬人共同作業而未參與共同作業時，應指定承攬人之一負前項原事業單位之責任。

（ 3 ） A 公司將其物料吊運作業交付 B 公司承攬，哪一選項描述錯誤？

① A 公司應提供 B 公司勞工相關安全衛生教育訓練之協助

② A 公司應告知 B 公司有關其事業工作環境、危害因素及有關安全衛生規定應採取之措施

③ A 公司對於 B 公司使用之機具設備無權管制

④ A 公司應與 B 公司協議劃一起重機之操作信號

解析 職業安全衛生法第 26 條

事業單位以其事業之全部或一部分交付承攬時，應於事前告知該承攬人有關其事業工作環境、危害因素暨本法及有關安全衛生規定應採取之措施。

承攬人就其承攬之全部或一部分交付再承攬時，承攬人亦應依前項規定告知再承攬人。

職業安全衛生法第 27 條

事業單位與承攬人、再承攬人分別僱用勞工共同作業時，為防止職業災害，原事業單位應採取下列必要措施：

一、設置協議組織，並指定工作場所負責人，擔任指揮、監督及協調之工作。

二、工作之連繫與調整。

三、工作場所之巡視。

四、相關承攬事業間之安全衛生教育之指導及協助。

五、其他為防止職業災害之必要事項。

事業單位分別交付 2 個以上承攬人共同作業而未參與共同作業時，應指定承攬人之一負前項原事業單位之責任。

職業安全衛生法第 38 條

本法第 27 條第一項第一款規定之協議組織，應由原事業單位召集之，並定期或不定期進行協議下列事項：

一、安全衛生管理之實施及配合。

二、勞工作業安全衛生及健康管理規範。

三、從事動火、高架、開挖、爆破、高壓電活線等危險作業之管制。

四、對進入局限空間、危險物及有害物作業等作業環境之作業管制。

五、機械、設備及器具等入場管制。

六、作業人員進場管制。

七、變更管理。

八、劃一危險性機械之操作信號、工作場所標識（示）、有害物空容器放置、警報、緊急避難方法及訓練等。

九、使用打樁機、拔樁機、電動機械、電動器具、軌道裝置、乙炔熔接裝置、氧乙炔熔接裝置、電弧熔接裝置、換氣裝置及沉箱、架設通道、上下設備、施工架、工作架台等機械、設備或構造物時，應協調使用上之安全措施。

十、其他認有必要之協調事項。

09

（ 3 ） 有關職業安全衛生法令對於承攬管理之敘述，下列何者錯誤？

①事業單位可建立全員監督機制，隨時督促承攬人確實遵守相關安全衛生管理規定

②事業單位應訂定對承攬人之門禁管制規定

③承攬契約中不需規定再承攬人之限制、資格要件及相關要求，由承攬人自行負責

④為確保承攬人確實遵守及瞭解相關安全衛生法規與管理規定，應於承攬契約中規定應採取之安全衛生措拖

解析 職業安全衛生法第 27 條

事業單位與承攬人、再承攬人分別僱用勞工共同作業時，為防止職業災害，原事業單位應採取下列必要措施：

一、設置協議組織，並指定工作場所負責人，擔任指揮、監督及協
　　調之工作。

二、工作之連繫與調整。

三、工作場所之巡視。

四、相關承攬事業間之安全衛生教育之指導及協助。

五、其他為防止職業災害之必要事項。

事業單位分別交付 2 個以上承攬人共同作業而未參與共同作業時，
應指定承攬人之一負前項原事業單位之責任。

10

（ 1 ） 依職業安全衛生法規定，事業單位與承攬人、再承攬人分別僱用勞
工共同作業時，為防止職業災害，下列敘述何者不屬於原事業單位
應採取之必要措施？
① 指定勞工人數最多之承攬人為工作場所負責人
② 工作之連繫與調整
③ 工作場所之巡視
④ 相關承攬事業間之安全衛生教育之指導及協助

解析　職業安全衛生法第 27 條

事業單位與承攬人、再承攬人分別僱用勞工共同作業時，為防止職
業災害，原事業單位應採取下列必要措施：

一、設置協議組織，並指定工作場所負責人，擔任指揮、監督及協
　　調之工作。

二、工作之連繫與調整。

三、工作場所之巡視。

四、相關承攬事業間之安全衛生教育之指導及協助。

五、其他為防止職業災害之必要事項。

事業單位分別交付 2 個以上承攬人共同作業而未參與共同作業時，
應指定承攬人之一負前項原事業單位之責任。

（ 3 ） 職業安全衛生法施行細則有關協議組織應協議之事項，下列何者為非？
①機械、設備及器具入廠（場）管制
②從事動火、高架、開挖、爆破、高壓電活線等危險作業之管制
③承攬人勞工薪資
④對進入局限空間、有害物質作業等作業環境之作業管制

解析　職業安全衛生法施行細則第 38 條

本法第二十七條第一項第一款規定之協議組織，應由原事業單位召集之，並定期或不定期進行協議下列事項：

一、安全衛生管理之實施及配合。

二、勞工作業安全衛生及健康管理規範。

三、從事動火、高架、開挖、爆破、高壓電活線等危險作業之管制。

四、對進入局限空間、危險物及有害物作業等作業環境之作業管制。

五、機械、設備及器具等入場管制。

六、作業人員進場管制。

七、變更管理。

八、劃一危險性機械之操作信號、工作場所標識（示）、有害物空容器放置、警報、緊急避難方法及訓練等。

九、使用打樁機、拔樁機、電動機械、電動器具、軌道裝置、乙炔熔接裝置、氧乙炔熔接裝置、電弧熔接裝置、換氣裝置及沉箱、架設通道、上下設備、施工架、工作架台等機械、設備或構造物時，應協調使用上之安全措施。

十、其他認有必要之協調事項。

12

(3) 化學品製造公司將其反應器維修工作交付承攬時，下列敘述何者不適合？
①原事業單位對於入槽前之程序應予告知並指導
②原事業單位應確認承攬人勞工之資格及教育訓練情形
③承攬人勞工之資格及教育訓練，隨意找些臨時工名字簽一簽就可以上工了
④原事業單位應告知塔槽內容物之危害情形

解析 工作交由承攬人後，實際從事作業勞工之資格及教育訓練由承攬人負雇主責任，並由原事業單位給予承攬商之安全衛生教育之指導及協助。

13

(1) 事業單位承攬管理之目的並未包含下列哪一項目？
①處罰承攬商增加營收　　　　②符合法規
③善盡企業社會責任　　　　　④照顧承攬商及其員工

解析 事業單位以其事業交付承攬之後，仍須照顧承攬商及其員工以善盡企業社會責任，並符合法令規範，須做好承攬管理。

14

(2) 有關事業單位對承攬人之進出廠區的管制，下列何者規定較不適合？
①事業單位對承攬人勞工應於入廠前確認其安全衛生教育訓練情形
②酒精性飲料屬於食品可以不用管制
③應確認承攬人攜入之電氣機具是否符合安全規則
④事業單位應要求承攬人依施工計畫所需之人員、機具提出入廠申請

解析 承攬管理技術指引四、承攬管理之作業流程及基本考量

（七）入廠之管理

1. 事業單位應訂定承攬人之門禁管制規定，以有效控制承攬人之人員、機具設備及物料等入廠後可能引起之危害及風險。

2. 應指導協助及督導承攬人實施安全衛生教育訓練，確保入廠工作之人員已受過必要之安全衛生教育訓練。

3. 承攬人每日工作前應先通知或取得該工作地點轄區主管之同意或核准，對於高後果嚴重度或高風險之作業則須先取得書面核准之工作許可。

15

(3) 有關職安法規定承攬事項應採取危害告知，下列哪一項目正確？
① 得以承攬人勞工之安全承諾書替代危害告知
② 承攬人屬專業包商，無須對其告知危害事項
③ 危害告知前應對工作場所進行危害辨識，並將主要危害事項提出告知
④ 承攬人就其承攬之全部或一部分交付再承攬時，承攬人無須告知再承攬人

解析 承攬管理技術指引四、承攬管理之作業流程及基本考量

(二) 危害辨識及風險評估

事業單位對所交付承攬之作業，應辨識其主要潛在危害及風險，並依評估結果確認應有之控制措施，作為規劃承攬管理計畫及執行危害告知之參考。

16

(4) 事業單位以其事業招人承攬時，下列何者有關承攬人之選擇及評估的敘述較為合適？
① 謹評估其對完工日期之執行力即可
② 僅考慮其施工品質即可
③ 以承攬金額作為選擇之唯一標準
④ 承攬人評估及選擇應包含安全衛生執行能力

解析 承攬管理技術指引四、承攬管理之作業流程及基本考量

(四) 承攬人之選擇及評估

事業單位應訂定包含安全衛生準則之承攬人評估及選擇程序，並考量承攬期間之安全衛生績效，作為合適承攬人選擇之依據。

17

(3) 當事業單位與承攬人、再承攬人分別僱用勞工共同作業時，依職業安全衛生法規定，應由何者指定工作場所負責人，擔任統一指揮及協調工作？
①承攬人 ②再承攬人
③原事業單位 ④檢查機構

解析 職業安全衛生法第 27 條

事業單位與承攬人、再承攬人分別僱用勞工共同作業時，為防止職業災害，原事業單位應採取下列必要措施：

一、設置協議組織，並指定工作場所負責人，擔任指揮、監督及協調之工作。

二、工作之連繫與調整。

三、工作場所之巡視。

四、相關承攬事業間之安全衛生教育之指導及協助。

五、其他為防止職業災害之必要事項。

事業單位分別交付 2 個以上承攬人共同作業而未參與共同作業時，應指定承攬人之一負前項原事業單位之責任。

18

（ 3 ） 事業單位以其事業之全部或部分交付承攬或再承攬時，依職業安全衛生管理辦法規定，承攬人使用之機械、設備為原事業單位提供者，則該機械、設備應由何者實施自動檢查？
① 承攬人　　　　　　　② 再承攬人
③ 原事業單位　　　　　④ 檢查機構

解析　職業安全衛生管理辦法第 84 條

事業單位以其事業之全部或部分交付承攬或再承攬時，如該承攬人使用之機械、設備或器具係由原事業單位提供者，該機械、設備或器具應由原事業單位實施定期檢查及重點檢查。

前項定期檢查及重點檢查於有必要時得由承攬人或再承攬人會同實施。

第一項之定期檢查及重點檢查如承攬人或再承攬人具有實施之能力時，得以書面約定由承攬人或再承攬人為之。

19

（ 1 ） 當有 2 個以上之事業單位分別出資並共同承攬時，應由下列何者負責防止職業災害之雇主責任？
① 此 2 事業單位互推 1 人為代表人　② 2 事業單位一起負責
③ 出資較多的事業單位　　　　　　④ 勞工人數較多的事業單位

解析　職業安全衛生法第 28 條

2 個以上之事業單位分別出資共同承攬工程時，應互推 1 人為代表人；該代表人視為該工程之事業雇主，負本法雇主防止職業災害之責任。

20

（ 1 ） 請問事業單位與承攬人、再承攬人分別僱用勞工共同作業時，為了
何種目的，原事業單位應採取相關必要措施？
①防止職業災害　　　　　　　②利潤
③商業機密　　　　　　　　　④工程進度

解析　職業安全衛生法第 27 條

事業單位與承攬人、再承攬人分別僱用勞工共同作業時，為防止職業災害，原事業單位應採取下列必要措施：

一、設置協議組織，並指定工作場所負責人，擔任指揮、監督及協調之工作。

二、工作之連繫與調整。

三、工作場所之巡視。

四、相關承攬事業間之安全衛生教育之指導及協助。

五、其他為防止職業災害之必要事項。

事業單位分別交付 2 個以上承攬人共同作業而未參與共同作業時，應指定承攬人之一負前項原事業單位之責任。

21

（ 1 ） 請問承攬有何特性？
①當事人約定，一方為他方完成一定之工作，他方俟工作完成，給付報酬之契約
②當事人約定，一方於一定或不定之期限內為他方服勞務，他方給付報酬之契約
③與當事人二者之間具從屬關係
④只要單方面認為是就可以了

解析　加強職業安全衛生法第 26 條及第 27 條檢查注意事項第 2 點承攬關係之認定

(一) 承攬與僱傭

「稱承攬者，謂當事人約定，一方為他方完成一定之工作，他方俟工作完成，給付報酬之契約。」；「稱僱傭者，謂當事人約定，一方於一定或不定之期限內為他方服勞務，他方給付報酬之契約。」，於民法第 482 條及第 490 條定有明文。承攬在當事人二者之間不具從屬關係，有關承攬關係之認定，除依上述原則外，仍應就民法債編中所提承攬人特徵，如品質保證、瑕疵修補、解約或減少報酬損害賠償、危險負擔等加以分析認定。

民法第 490 條

稱承攬者，謂當事人約定，一方為他方完成一定之工作，他方俟工作完成，給付報酬之契約。

22

(3) 請問下列有關採購作業之敘述，何者符合正確的安全管理？
①請購過程係屬需求單位與採購部門之業務，成本越低最重要
②供應商勞工到場交貨時，因非屬本廠員工，無須要求其遵守安全衛生規定
③需求單位對於採購之物品應考量其安全衛生條件，並簽會安全衛生部門提供意見
④有關請購之物品其安全衛生條件由供應商自行注意，無須於請購單中規定

解析　事業單位請購工程、財物或勞務前，應先確認其在安全衛生法規及本身實際上之需求，並考量可能引起之安全衛生危害及風險，將所需安全衛生規格納入採購需求說明書或契約中，必要時，得規劃時程逐步訂出各採購工程、財物或勞務說明書。

23

（ 2 ） 下列何者依變更管理技術指引要求之變更管理作業流程中，屬於最先執行事項？
① 諮詢
② 界定變更管制範圍
③ 成效確認
④ 變更之申請

│解析 變更管理必要之採行措施：

1. 界定變更管制範圍。

2. 研訂變更管理制度／程序及計畫。

3. 諮詢。

4. 變更之申請。

5. 變更之危害辨識及風險評估。

6. 會簽及審核。

7. 相關文件之檢討更新。

8. 人員之告知或訓練。

9. 啟用前之安全檢查。

10. 暫時性變更之處理。

11. 結案及紀錄管理。

24

（ 4 ） 下列何者較不屬於常見的修繕管理之危害因素？
① 對修繕技術之熟悉度
② 多屬承攬性作業
③ 對工作場所之熟悉度
④ 作業期間短暫

│解析 修繕管理常見之危害因素：

1. 對修繕技術的熟悉度。

2. 對工作場所的熟悉度。

3. 多屬承攬作業。

4. 多為臨時性作業。

25

（ 1 ） 下列操作方法之變更，何者屬於變更管理的範圍？
①改變標準作業程序中的操作步驟
②增加製程設備
③修改消防系統
④改變原物料種類

解析 1. 改變操作步驟、原有作業規範或設計規範有所改變屬於操作方法變更。

2. 增加製程設備屬擴建範圍或是製程設備變更。

3. 修改消防系統非屬作業、技術和工程範疇。

4. 改變原物料種類屬於變更材料。

26

（ 3 ） 在某特殊狀況需要或實施性能試驗之變更，並須清楚界定其變更之期間，而於期滿時就須恢復變更前之狀況，試問此情況稱作何種變更？
①緊急變更　　　　　　　　②同型替換
③暫時性變更　　　　　　　④永久性變更

解析 永久性變更：係指經研討或測試後決定所做之永久性修改。

暫時性變更：係指針對某特殊狀況需要或實施性能試驗、操作效率試驗等臨時性之變更，此等變更必須清楚界定變更之期間，且於期滿時，須恢復變更前之狀況。

緊急變更：係指依一般變更程序處理，有可能會因時間因素而無法達成組織要求或是引起更大危害或風險之變更，包括：

1. 為達成組織之要求，製程、活動或服務必須變更以繼續操作者。

2. 須變更操作條件或方法來處理前所未遇或緊急的製程、活動或服務之變化，而原有標準操作程序或方法無法解決者。

非同型替換：欲進行更換之設備或其零組件在基本設計、維修及操作上與舊有設備或其零組件一致時；或是欲改變之作業方法或條件，已有明確的規範或書面標準可供依循者，稱之為「同型替換」，否則即屬於「非同型替換」。

27

(3) 下列何者為修繕作業中的主要修繕對象？
① 機械　　　　　　　　② 設備
③ 建築物　　　　　　　④ 車輛

解析　修繕的對象：建築物。

維護保養的對象：機械、設備及車輛。

28

(4) 有關變更管理需採行的措施中，下列何者非屬必要事項？
① 有關文件資料應一併檢討修正　② 有關人員應被告知
③ 實施風險評估　　　　　　　　④ 採取矯正措施

解析　依據變更管理技術指引，變更管理之參考作業流程如下：

1. 界定變更管制範圍。

2. 研訂變更管理制度 / 程序及計畫。

3. 諮商。

4. 變更之申請。

5. 變更之危害辨識及風險評估。

6. 會簽及審核。

7. 相關文件之檢討更新。

8. 人員之告知或訓練。

9. 使用前之安全檢查。

10. 暫時性變更則期滿回復原狀、非暫時性變更則成效確認。

11. 結案及紀錄管理。

對於變更管理需要實施風險評估、於變更前實施文件檢討及人員之告知或訓練，但未包含採取矯正措施。

29

（ 3 ） 變更管理依職業安全衛生管理辦法規定，應納入下列何項計畫？
① 風險控制計畫　　　　　　② 職業安全衛生管理規章
③ 職業安全衛生管理計畫　　④ 職業災害防止計畫

解析 職業安全衛生法施行細則第 31 條

本法第 23 條第一項所定職業安全衛生管理計畫，包括下列事項：

一、工作環境或作業危害之辨識、評估及控制。

二、機械、設備或器具之管理。

三、危害性化學品之分類、標示、通識及管理。

四、有害作業環境之採樣策略規劃及監測。

五、危險性工作場所之製程或施工安全評估。

六、採購管理、承攬管理及變更管理。

七、安全衛生作業標準。

八、定期檢查、重點檢查、作業檢點及現場巡視。

九、安全衛生教育訓練。

十、個人防護具之管理。

十一、健康檢查、管理及促進。

十二、安全衛生資訊之蒐集、分享及運用。

十三、緊急應變措施。

十四、職業災害、虛驚事故、影響身心健康事件之調查處理及統計分析。

十五、安全衛生管理紀錄及績效評估措施。

十六、其他安全衛生管理措施。

30

（ 2 ） 採購管理涵蓋範圍中，下列何者不適用？

① 勞務採購　　　　　　　　② 社區服務

③ 設備購買　　　　　　　　④ 工程定作

| **解析**　採購管理的範圍包括：

1. 財務採購（設備購買屬於此範圍）。

2. 勞務採購。

3. 工程採購（也稱為工程定作）。

31

（ 3 ） 甲公司欲向丙公司租賃堆高機時，其契約內容應參考法令訂有防止職業災害之具體規範，並於使用前確認其符合規定，請問為落實下列何項管理措施？

① 變更管理　　　　　　　　② 施工管理

③ 採購管理　　　　　　　　④ 承攬管理

| **解析**　採購管理技術指引第 4 點採購管理之作業流程及基本原則

（一）研訂採購管理制度／程序及計畫

1. 事業單位應依其規模及風險特性，於機械、器具、設備、物料、原料及個人防護具等之採購（含租賃），營造工程之施工規劃、設計及監造等（含交付承攬之委託），建立、實施及維持可符合安全衛生法規及職業安全衛生管理系統等相關規範要求之採購管理制度／程序及計畫，以契約內容要求應有符合安全衛生法規及實際需要之安全衛生具體規範，控制因採購而可能引起之安全衛生危害及風險，並於驗收使用前確認其符合規定。

32

（ 3 ） 下列所提的情況中，何者須執行變更管理？
① 職業安全衛生教育訓練計劃內容變更
② 施工架材料進場時發現規格與計畫不符
③ 基礎開挖後發現有不明管線
④ 進場勞工與報備名單不符

| 解析　變更管理技術指引

變更係指當作業、技術、工程和原有作業規範或設計規範有所改變或偏離，且此類改變或偏離未曾執行或發生過，或雖曾發生但無紀錄或書面資料可供依循者。但新建工程與擴建專案不在此列。

33

（ 4 ） 某一修繕工程，內容包含：外牆拉皮、屋頂查漏與防水、會議室擴建、及其他配合工作等。請問下列採購契約內容之敘述，何者有誤？
① 廠商使用之起重機進場時，應出具檢查合格證明文件
② 應提供防水塗料作業人員護目鏡
③ 外牆施工架必須按規定裝設壁連座，作業過程須拆除者，應設置可維持穩定之替代設施
④ 牆壁拆除工程得自底部打除並應灑水降低粉塵

| 解析　營造安全衛生設施標準第 157 條

雇主於拆除構造物時，應依下列規定辦理：

一、不得使勞工同時在不同高度之位置從事拆除作業。但具有適當設施足以維護下方勞工之安全者，不在此限。

二、拆除應按序由上而下逐步拆除。

三、拆除之材料，不得過度堆積致有損樓板或構材之穩固，並不得靠牆堆放。

四、拆除進行中，隨時注意控制拆除構造物之穩定性。

五、遇強風、大雨等惡劣氣候，致構造物有崩塌之虞者，應立即停止拆除作業。

六、構造物有飛落、震落之虞者，應優先拆除。

七、拆除進行中，有塵土飛揚者，應適時予以灑水。

八、以拉倒方式拆除構造物時，應使用適當之鋼纜、纜繩或其他方式，並使勞工退避，保持安全距離。

九、以爆破方法拆除構造物時，應具有防止爆破引起危害之設施。

十、地下擋土壁體用於擋土及支持構造物者，在構造物未適當支撐或以板樁支撐土壓前，不得拆除。

十一、拆除區內禁止無關人員進入，並明顯揭示。

34

（ 1 ） 原事業單位與承攬人、再承攬人分別僱用勞工共同作業時，依職業安全衛生法規定，工作場所負責人為下列何者？
①由原事業單位指定於工作場所代表雇主從事管理、指揮或監督勞工從事工作之人
②共同作業工作場所中，僱用勞工人數最多之事業單位負責人
③共同作業工作場所中，承攬工程金額最多之事業單位負責人
④共同作業工作場所中，所有承攬人共推之現場安全衛生負責人

│解析 職業安全衛生法第 27 條第 1 項

事業單位與承攬人、再承攬人分別僱用勞工共同作業時，為防止職業災害，原事業單位應採取下列必要措施：

一、設置協議組織，並指定工作場所負責人，擔任指揮、監督及協調之工作。

二、工作之連繫與調整。

三、工作場所之巡視。

四、相關承攬事業間之安全衛生教育之指導及協助。

五、其他為防止職業災害之必要事項。

職業安全衛生法施行細則第 3 條

本法第 2 條第 1 款、第 18 條第 1 項、第 27 條第 1 項第 1 款及第 51 條第 2 項所稱工作場所負責人，指雇主或於該工作場所代表雇主從事管理、指揮或監督工作者從事勞動之人。

35

（ 3 ） 以甲廠牌 4"-300# 石墨墊圈之蝶閥替換乙廠牌 4"-300# 石墨墊圈之蝶閥，係屬於哪一種替換？

① 異型物料替換　　　　　　② 多型物料替換

③ 同型物料替換　　　　　　④ 非同型物料替換

解析　依據變更管理技術指引（五）非同型替換

欲進行更換之設備或其零組件在基本設計、維修及操作上與舊有設備或其零組件一致時；或是欲改變之作業方法或條件，已有明確的規範或書面標準可供依循者，稱之為「同型替換」，否則即屬於「非同型替換」。例如：以 A 廠牌 6"-150# 石墨 packing 之閘閥替換 B 廠牌 6"-150# 石墨 packing 之閘閥屬於同型物料替換；但是若以同廠牌 6"-150# 石墨 packing 之閘閥替換 6"-150# 石墨 packing 之球閥即屬非同型替換。此例中判斷閥件是否為同型替換或非同型替換的依據即在對於閥件規格／規範的描述，包括了：尺寸（如：6"）、工作條件型號（如：150#）、材質（如：石墨 packing）、型式或基本設計（如：閘閥／球閥），此 4 項要素完全一致，是為同型替換，勿需進行變更管理，僅需依循既有工作系統即可；但如 4 項要素中有任何一項不一樣即屬於變更管理的範疇。

36

(3) 事業單位進行工程採購案之辦理時，哪一種費用應佔有該工程經費之一定的比例？
①睦鄰支出 　　　　　　　②耗材
③安全衛生項目 　　　　　④出工數

解析 依據採購管理技術指引第 4 點採購管理之作業流程及基本原則

(三) 請購

4. 有關工程採購案，安全衛生項目所需之費用應有一定的比例，必要時得要求供應商逐項編列，並按實際執行狀況報銷。

37

(2) 下列何者通常不屬於變更管理中所稱之變更？
①設備變更 　　　　　　　②商標變更
③製程變更 　　　　　　　④材料變更

解析 變更管理技術指引

變更管理首先應界定變更管制範圍，應明確界定變更之定義，並依工作環境或作業（製程、活動或服務）之危害辨識及風險評估結果鑑認出管制範圍，包含引進或修改製程、作業程序、材料及設備等，其中不包含商標變更。

38

(1) 辦理財物採購可要求之安全衛生規格，請問為落實採購管理，下列何者為非？
①回饋措施 　　　　　　　②機械設備零件材質之安全
③保固及售後服務 　　　　④運輸、裝卸及搬運之安全

解析 採購管理技術指引附錄一採購管理技術指引補充說明

三、請購

（二）對於財物採購之安全衛生規格可要求：

  1. 機械設備應裝設或具備之安全防護需求、組裝圖及配線圖等，並提供操作及維護作業標準或說明書、教育訓練等。

  2. 機械設備於現場組裝之人員資格、施工工法或標準、施作工具之安全等級、安全衛生管制、測試方法及基準等。

  3. 機械設備零件材質之安全。

  4. 機械設備安全性能驗證文件或測試報告。

  5. 物料或化學物質在運輸中之安全包裝，以及在廠（場）內卸貨及搬運上之安全。

  6. 危害物質之運送人員資格、容器材質及規格、危害標示及安全資料表等。

  7. 運輸、裝卸及搬運之安全。

  8. 保固及售後服務。

  9. 其他應符合之法規或國際規範等。

39

（ 1 ） 辦理勞務採購可要求之安全衛生規格，請問為落實採購管理，下列何者為非？
① 廠商創意表現
② 作業人員之安全衛生資格、技術
③ 作業現場之安全衛生監督人力
④ 使用器材及使用方法之安全性

解析　採購管理技術指引|附錄一採購管理技術指引|補充說明

三、請購

  （三）對於勞務採購之安全衛生規格可要求：

    1. 服務內容及其安全衛生之危害與控制。

    2. 作業人員之安全衛生資格、技術。

3. 使用器材及實施方法之安全。

4. 作業現場之安全衛生管理及作業管制。

5. 作業現場之安全衛生監督人力。

6. 其他應符合之法規或國際規範等。

40

（ 4 ） 事業單位之採購程序，依採購管理技術指引應包括下列何者？
①請購階段 ②議價前或業務承攬之備標選商
③交貨驗收 ④以上皆是

解析 事業單位之採購程序一般包括：請購、詢價、比價、議價、訂購、交貨驗收與報支等作業，而與安全衛生風險危害有關較需考慮安全衛生事項之作業階段有：

(一) 請購階段：訂定工程、財物或勞務之安全衛生規格，且應考量供應商提供的所有工程、財物或勞務之所有可能潛在危害。

(二) 議價前或業務承攬之備標選商：將工程、財物或勞務之安全衛生規格納為投標必要資格或議比價評選標準中的重要因素，以避免因競價而降低工程、財物或勞務之安全衛生標準。

(三) 交貨驗收階段：依據契約相關規定及量測程序，確認供應商所提供的工程、財物或勞務符合相關安全衛生規格。

41

（ 2 ） 請問下列何者不需在變更管理前實施？
①定義變更管理範圍 ②直接購買與施作
③危害辨識 ④風險評估

解析 變更管理技術指引

變更管理首先應界定變更管制範圍，應明確界定變更之定義，並依工作環境或作業（製程、活動或服務）之危害辨識及風險評估結果鑑認出管制範圍，包含引進或修改製程、作業程序、材料及設備等，其中不包含商標變更。

42

（ 3 ） 下列何者不屬修繕作業中的維護保養對象？
① 管線 　　　　　　　　　　② 塔槽
③ 護目鏡 　　　　　　　　　④ 工程車

解析　修繕的對象：建築物。

維護保養的對象：機械、設備及車輛。

43

（ 3 ） 請問下列何者不屬於變更的類型？
① 暫時性變更 　　　　　　　② 緊急變更
③ 超前變更 　　　　　　　　④ 永久性變更

解析
- 永久性變更：係指經研討或測試後決定所做之永久性修改。
- 暫時性變更：係指針對某特殊狀況需要或實施性能試驗、操作效率試驗等臨時性之變更，此等變更必須清楚界定變更之期間，且於期滿時，須恢復變更前之狀況。
- 緊急變更：係指依一般變更程序處理，有可能會因時間因素而無法達成組織要求或是引起更大危害或風險之變更

44

（ 4 ） 請問下列何者不屬一般的採購程序？
① 詢價 　　　　　　　　　　② 議價
③ 訂購 　　　　　　　　　　④ 私下交易

解析　事業單位之採購程序一般包括：請購、詢價、比價、議價、訂購、交貨驗收與報支等作業，而與安全衛生風險危害有關較需考慮安全衛生事項之作業階段有：

（一）請購階段：訂定工程、財物或勞務之安全衛生規格，且應考量供應商提供的所有工程、財物或勞務之所有可能潛在危害。

（二）議價前或業務承攬之備標選商：將工程、財物或勞務之安全衛生規格納為投標必要資格或議比價評選標準中的重要因素，以避免因競價而降低工程、財物或勞務之安全衛生標準。

（三）交貨驗收階段：依據契約相關規定及量測程序，確認供應商所提供的工程、財物或勞務符合相關安全衛生規格。

45

（ 1 ） 依職業安全衛生管理辦法規定，**300 人之第一類事業單位，其採購管理相關紀錄保存期限為何？**
　　① 至少 3 年　　　　　　　② 至少 5 年
　　③ 不用保存　　　　　　　④ 至少 9 年

解析　依據職業安全衛生管理辦法第 12-2 條規定，第一類事業勞工人數在 **200 人以上**者，雇主應依國家標準 CNS 45001 同等以上規定，建置適合該事業單位之職業安全衛生管理系統，並據以執行，執行記錄保存 3 年。

46

（ 1 ） **再承攬人勞工發生職業災害，下列何者可能非災害發生原因？**
　　① 原事業單位未協助辦理教育訓練
　　② 原事業單位未進行工作場所巡視
　　③ 承攬人未以書面告知危害因素即應採取之安全衛生措施
　　④ 承攬人未召開協議組織、指定工作場所負責人

解析　選項①辦理教育訓練應由雇主對勞工應施以從事工作與預防災變所必要之安全衛生教育及訓練。

另依據「職業安全衛生法」第 26、27 條規定，有關原事業單位、承攬人及再承攬相關義務：

第 26 條：事業單位以其事業之全部或一部分交付承攬時，應於事前告知該承攬人有關其事業工作環境、危害因素暨本法及有關安全衛生規定應採取之措施。

承攬人就其承攬之全部或一部分交付再承攬時，承攬人亦應依前項規定告知再承攬人。

第 27 條：事業單位與承攬人、再承攬人分別僱用勞工共同作業時，為防止職業災害，原事業單位應採取下列必要措施：

一、設置協議組織，並指定工作場所負責人，擔任指揮、監督及協調之工作。

二、工作之連繫與調整。

三、工作場所之巡視。

四、相關承攬事業間之安全衛生教育之指導及協助。

五、其他為防止職業災害之必要事項。

47

（ 4 ）　事業單位以其事業交付承攬，且設有協議組織時，依職業安全衛生法施行細則規定，下列何者非必要之協議事項？
①起重機操作信號　　　　　　②局限空間作業管制
③勞工健康管理規範　　　　　④差勤管理

解析　依職業安全衛生法施行細則第 38 條規定本法第 27 條第 4 項第 1 款規定之協議組織，應由原事業單位召集之，並定期或不定期進行協議下列事項：

一、安全衛生管理之實施及配合。

二、勞工作業安全衛生及健康管理規範。

三、從事動火、高架、開挖、爆破、高壓電活線等危險作業之管制。

四、對進入局限空間、危險物及有害物作業等作業環境之作業管制。

五、機械、設備及器具等入場管制。

六、作業人員進場管制。

七、變更管理。

八、劃一危險性機械之操作信號、工作場所標識（示）、有害物空容器放置、警報、緊急避難方法及訓練等。

九、使用打樁機、拔樁機、電動機械、電動器具、軌道裝置、乙炔熔接裝置、氧乙炔熔接裝置、電弧熔接裝置、換氣裝置及沉箱、架設通道、上下設備、施工架、工作架台等機械、設備或構造物時，應協調使用上之安全措施。

十、其他認有必要之協調事項。

選項④差勤管理屬於企業人力資源管理事項，相關規定須遵守勞動基準法相關規定，非屬協議組織協議事項。

48

（ 4 ）事業單位以其事業之全部或一部分交付承攬時，依職業安全衛生管理辦法規定，該事業單位勞工人數之計算，下列敘述何者正確？
①僅以該事業單位之勞工人數計算
②以原事業單位、承攬人、再承攬人分別所僱用之勞工人數中，取最多者
③以原事業單位、承攬人、再承攬人分別所僱用之勞工人數中，取最少者
④包含原事業單位、承攬人、再承攬人之之勞工於同一期間、同一工作場所作業時之總人數

解析 依職業安全衛生管理辦法第 3-2 條規定事業單位勞工人數之計算，包含原事業單位及其承攬人、再承攬人之勞工及其他受工作場所負責人指揮或監督從事勞動之人員，於同一期間、同一工作場所作業時之總人數。

49

（ 4 ） 事業單位在選擇承攬人時應考慮之因素，下列敘述何者有誤？
①應考慮協調性
②應考慮過去之安衛績效
③應考慮人員之素質及流動性
④僅考慮其專業能力，不計較其安衛管理能力

解析 原事業單位於交付承攬時，應善盡危害告知及統合安全衛生管理義務，督促各級承攬人，使其勞動場所之安全衛生條件符合有關法令規定，以減少職業災害發生，故除了考慮其專業能力，更應將其安衛管理能力納入。

50

（ 2 ） 有關變更作業可能之後果，下列敘述何者有誤？
①修改製程可能使作業條件偏離原有控制措施
②暫時性變更可忽略應有的安全考量
③變更活動可能使作業環境偏離原有安全範圍
④替代性方案，有可能釀成重大災害事故

解析 選項②暫時性變更，參照變更管理技術指引，指針對某特殊狀況需要或實施性能試驗、操作效率試驗等臨時性之變更，此等變更必須清楚界定變更之期間，且於期滿時，須恢復變更前之狀況。

2-4 緊急應變管理
(含急救)

甲 乙 丙 丁

01

(4) 進行災後復原時還是會有可能因為環境或事故情況而發生危險，請問下列何者較不太可能發生？
①恢復供電時感電
②因地面積水而滑倒
③設備未經安全性確認，發生二次事故
④慢性職業病

| **解析** 災後復原作業常見的風險大多屬於為立即之安全衛生危害，對於慢性健康危害較少發生。

02

(2) 除污區設置在緊急應變時之事故區域擬定，一般是會設置在哪一區？
①禁區 ②暖區
③熱區 ④冷區

| **解析** 消防機關配合執行危害性化學品災害搶救指導原則

四、災害現場搶救標準作業程序（H.A.Z.M.A.T.）

（三）區域管制（Zoning）

   3. 管制區域得視災害情況，劃分如下：

     (1) 熱區（又稱污染區或禁區，一般以紅色標示）：為事故地點周圍可能遭受污染之區域。

     (2) 暖區（又稱影響區或除污區，一般以黃色標示）：為熱區與冷區間緩衝區域，主要功用為除污。

(3) 冷區（又稱安全區或支援區，一般以綠色標示）：
為未受污染或已除污之區域。

4. 指揮站應設於冷區及上風位置；民眾、記者則在冷區之外。

03

（ 1 ）　指揮區設置在緊急應變時之事故區域擬定，一般是會設置在哪一區？
①冷區　　　　　　　　　②暖區
③禁區　　　　　　　　　④熱區

解析　消防機關配合執行危害性化學品災害搶救指導原則

四、災害現場搶救標準作業程序（H.A.Z.M.A.T.）

（三）區域管制（Zoning）

3. 管制區域得視災害情況，劃分如下：

(1) 熱區（又稱污染區或禁區，一般以紅色標示）：為事故地點周圍可能遭受污染之區域。

(2) 暖區（又稱影響區或除污區，一般以黃色標示）：為熱區與冷區間緩衝區域，主要功用為除污。

(3) 冷區（又稱安全區或支援區，一般以綠色標示）：為未受污染或已除污之區域。

4. 指揮站應設於冷區及上風位置；民眾、記者則在冷區之外。

04

（ 1 ）　緊急應變中，良好並完整的通報是很重要的，請問下列何者非為緊急事件通報者須提供之資訊？
①疏散方向與路線　　　　②報告人姓名
③緊急事件發生位置　　　④人員傷亡或失蹤人數

解析　疏散方向與路線為避難引導班之任務。

05

(4) 下列有關發生火災時之滅火措施敘述，何者較合適？

①儘速逃離現場

②儘速用水灌救，掌握先機

③不論火勢大小，先使用手提滅火器

④應先確認適用之滅火器措施

解析 火災剛發生時，由現場人員以適當方式迅速滅火，較能有效撲滅火災。

06

(4) 下列有關緊急應變之作業流程及連絡體系之敘述，何者有錯？

①應訂定事故通報流程及緊急連絡電話一覽表

②對法定應通報之事項及內容應明訂

③應有假日及夜間之通報流程及連絡體系

④對於已由廠內自行處理完畢之職業災害可不通報

解析 職業安全衛生法第 37 條

事業單位工作場所發生職業災害，雇主應即採取必要之急救、搶救等措施，並會同勞工代表實施調查、分析及作成紀錄。

事業單位勞動場所發生下列職業災害之一者，雇主應於 8 小時內通報勞動檢查機構：

一、發生死亡災害。

二、發生災害之罹災人數在 3 人以上。

三、發生災害之罹災人數在 1 人以上，且需住院治療。

四、其他經中央主管機關指定公告之災害。

07

（ 4 ）　心肺復甦術（CPR）之胸部按壓，依衛生福利部公告的 2021 民眾版心肺復甦術參考指引摘要表，其每分鐘之胸部按壓應該要幾次？

① 1~2　　　　　　　　　　　　② 12~ 15

③ 72　　　　　　　　　　　　④ 100~120

解析　依衛生福利部公告的 2021 民眾版心肺復甦術參考指引摘要表，心肺復甦術（CPR）之胸部按壓應快快壓為 100~120 次 / 分鐘。

08

（ 2 ）　心肺復甦術（CPR）之按壓與吹氣次數比，依衛生福利部公告的 2021 民眾版心肺復甦術參考指引摘要表應為多少？

① 30：1　　　　　　　　　　② 30：2

③ 15：1　　　　　　　　　　④ 15：2

解析　依衛生福利部公告的 2021 民眾版心肺復甦術參考指引摘要表，按壓與吹氣比率為 30：2，並重複 30：2 之胸部按壓與人工呼吸直到患者開始有動作或有正常呼吸或救護人員到達為止。

09

（ 1 ）　心肺復甦術（CPR）之胸部按壓口訣，依衛生福利部公告的 2021 民眾版心肺復甦術參考指引摘要表應為多少，何者之口訣內容會依年齡而有所不同？

①用力壓　　　　　　　　　　②快快壓

③胸回彈　　　　　　　　　　④莫中斷

解析　依衛生福利部公告的 2021 民眾版心肺復甦術參考指引摘要表，胸部按壓口訣中，用力壓：

成人（含≧ 8 歲）：5 至 6 公分。

兒童（1-8 歲）至少胸廓深度：1/3，勿超過 6 公分。

嬰兒（新生兒除外）＜ 1 歲：至少胸廓前後徑 1/3（約 4 公分）。

10

(1) 為增進民眾對於 CPR 的意願，與原本的 CPR 版本比較來說，衛生單位推動之民眾版簡易 CPR 版主要省略下列何者？
① 人工呼吸 　　　　　　② 胸部按壓
③ 檢查意識 　　　　　　④ 求救

解析　簡易版 CPR 中若施救者不操作人工呼吸，則持續高品質 CPR 至救護人員抵達或患者開始有動作或有正常呼吸。

11

(4) 目前 CPR 口訣依衛生福利部公告的 2021 民眾版心肺復甦術參考指引摘要表，應為下列何者？
① 叫 ABC 　　　　　　② 叫叫 ABC
③ 叫叫 ABCD 　　　　　④ 叫叫 CABD

解析　依衛生福利部公告的 2021 民眾版心肺復甦術參考指引摘要表，**CPR 口訣為叫叫 CABD**，分別為：

（叫）確認意識。

（叫）打電話給 119 求救。

(C) 胸部按壓 Compressions。

(A) 呼吸道 Airway。

(B) 呼吸 Breaths。

(D) 去顫 Defibrillation。

打 119 請求援助，並聽從 119 執勤人員指示（如用手機撥打 119 求援，求援後開啟擴音模式），如果有 AED，設法取得 AED，進行去顫。

12

(3) 依衛生福利部所公告的資料中，提到實施 **CPR** 前，應先打哪一電話號碼進行求救？
① 110
② 112
③ 119
④親人手機

解析 依衛生福利部公告的 2021 民眾版心肺復甦術參考指引摘要表，CPR 口訣為叫叫 CABD，分別為：

（叫）確認意識。

（叫）打電話給 **119** 求救。

(C) 胸部按壓 Compressions。

(A) 呼吸道 Airway。

(B) 呼吸 Breaths。

(D) 去顫 Defibrillation。

13

(2) 當你 1 個人遇到有人需進行急救之情況，依衛生福利部公告的 **2021** 民眾版心肺復甦術參考指引摘要表，下列何者需要先做 **5** 個循環的 **CPR** 再打電話求援？
①無此適用情況
②對象未滿 8 歲
③對象已瀕死
④溺水

解析 依衛生福利部公告的 2021 民眾版心肺復甦術參考指引摘要表，當對象為 1~8 歲之幼童，而只有一個人可以施救時，先進行五個循環的 CPR，再打 119 求援。

14

（ 1 ） 休克的可能症狀有很多種，請問下列何者為非？

①臉色愉悅　　　　　　　　②自訴寒冷，甚至發抖

③噁心、嘔吐　　　　　　　④呼吸快而淺

解析　休克是因為循環功能障礙，而引發組織血液灌注量不足，導致各種器官功能異常的結果。主要的臨床表現是臉色蒼白、皮膚濕冷、血壓下降、心跳加快、脈搏淺快、尿量減少、神志煩躁不安或表情淡漠，甚至昏迷等。

15

（ 3 ） 對休克患者進行急救時，發現其患者面部潮紅，請問應使患者採何種姿勢為佳？

①使頭偏向一側　　　　　　②採用頭低位

③抬高頭部　　　　　　　　④兩腳墊高約 30 度

解析　休克機轉不同而有以下的原因：

1. 低血容性休克：如外傷造成大出血、上消化道出血。

2. 心因性休克：如嚴重心肌梗塞及心律不整。

3. 敗血性休克：細菌病毒感染。

4. 過敏性休克：如藥物過敏、或遭蜜蜂叮咬引起。

5. 神經性休克：高位脊髓（頸部及胸部）麻醉或損傷等引起。

面部潮紅之休克可能為過敏性休克，應該抬高心臟及頭部。

16

（ 3 ）　止血帶止血常用於受傷嚴重部位，請問在完成止血帶並送醫途中，為防止造成傷者之二次傷害，應每隔幾分鐘將止血帶鬆開 1 次？

① 5

② 10

③ 15

④ 20

解析　使用止血帶止血法每隔 15 分鐘應該鬆開 15 秒。

17

（ 3 ）　請問下列何者非燒傷急救的步驟口訣？

① 沖

② 泡

③ 抹

④ 送

解析　燒傷急救的步驟口訣：沖、脫、泡、蓋、送。

18

（ 4 ）　請問下列何者自衛消防編組名稱有誤？

① 滅火班

② 安全防護班

③ 救護班

④ 安全引導班

解析　消防法施行細則第 15 條：

本法第 13 條所稱消防防護計畫應包括下列事項：

一、自衛消防編組：員工在十人以上者，至少編組滅火班、通報班及避難引導班；員工在五十人以上者，應增編安全防護班及救護班。

19

（ 4 ）　下列何種非急救之目的？
　　　　①促使康復　　　　　　②防止病情惡化
　　　　③維持生命　　　　　　④減少醫療費用支出

| **解析**　急救是當遭受事故或突發疾病時，在現場或尚未送達醫院之前、以及送醫途中，給予傷患立即之緊急救護及照顧。

急救之目的為促使康復、防止病情惡化及維持生命。

20

（ 4 ）　金屬鉀所引起之火災適合用何種滅火劑？
　　　　①泡沫　　　　　　　　②二氧化碳
　　　　③惰性氣體　　　　　　④特種金屬化學乾粉

| **解析**　金屬鉀及鎂、鋰、鋯、鈦等屬於活性金屬，所引起之火災為 D 類（金屬）火災，只有分別控制這些可燃金屬的特定滅火劑能有效滅火。

21

（ 1 ）　下列何者為應變指揮官之工作職責？
　　　　①負責掌握意外災害狀況
　　　　②隔離、關斷洩漏源
　　　　③廠外支援單位之引導
　　　　④通知消防應變單位及附近居民

| **解析**　「應變指揮官」應負責通盤掌握應變情境之狀況，下達並指揮應變作為，降低災害損害程度，並督導執行訓練計畫。

一般行業管理實務
(含職災案例研討)

3-1 墜落危害預防管理實務　甲 乙 丙 丁

01

（ 2 ）　當有員工採用移動式施工架進行高處作業時，下列敘述何者錯誤？
①移動式施工架時，應要求作業人員離開施工架
②作業人員上下應使用合梯
③頂層須設置護欄
④施工架上有人員施工時，應固定腳輪避免滑動

解析　職業安全衛生設施規則第 230 條

雇主對於使用之合梯，應符合下列規定：

一、具有堅固之構造。

二、其材質不得有顯著之損傷、腐蝕等。

三、梯腳與地面之角度應在 75 度以內，且兩梯腳間有金屬等硬質繫材扣牢，腳部有防滑絕緣腳座套。

四、有安全之防滑梯面。

雇主不得使勞工以合梯當作二工作面之上下設備使用，並應禁止勞工站立於頂板作業。

02

（ 4 ） 有關工作場所之安全衛生注意事項，下列何者有誤？
　　①設置之護蓋為柵狀構造者，柵條間隔不得大於 3 公分
　　②對於廢止使用之開口部分應予封閉，以防止勞工墜落
　　③合梯高度以頂部之梯面至梯腳間之垂直距離計算，高度不得超
　　　過 2 公尺
　　④為提高合梯的穩定性，合梯的角度應儘量加大

| 解析 營造安全衛生設施標準第 21 條

雇主設置之護蓋，應依下列規定辦理：

一、應具有能使人員及車輛安全通過之強度。

二、應以有效方法防止滑溜、掉落、掀出或移動。

三、供車輛通行者，得以車輛後軸載重之 2 倍設計之，並不得妨礙
　　車輛之正常通行。

四、為柵狀構造者，柵條間隔不得大於 3 公分。

五、上面不得放置機動設備或超過其設計強度之重物。

六、臨時性開口處使用之護蓋，表面漆以黃色並書以警告訊息。

營造安全衛生設施標準第 25 條

雇主對廢止使用之開口應予封閉，對暫不使用之開口應採取加蓋等
設備，以防止勞工墜落。

職業安全衛生設施規則第 225 條

雇主對於在高度 2 公尺以上之處所進行作業，勞工有墜落之虞者，應
以架設施工架或其他方法設置工作台。但工作台之邊緣及開口部分
等，不在此限。

職業安全衛生設施規則第 230 條

雇主對於使用之合梯，應符合下列規定：

一、具有堅固之構造。

二、其材質不得有顯著之損傷、腐蝕等。

三、梯腳與地面之角度應在 **75** 度以內，且兩梯腳間有金屬等硬質繫材扣牢，腳部有防滑絕緣腳座套。

四、有安全之防滑梯面。

雇主不得使勞工以合梯當作二工作面之上下設備使用，並應禁止勞工站立於頂板作業。

03

（ 4 ） 為防止勞工高處作業可能產生的墜落之扶手欄杆，下列敘述何者錯誤？

　　① 為確保安全，儘量不要卸下

　　② 務必堅固牢靠

　　③ 可暫時卸下，但作業完畢後應立刻裝回

　　④ 可暫時卸下，記得下次作業前再裝回

│解析　扶手欄杆可因臨時性作業、急救搶救等原因暫時卸下，但是應於原因消滅後立即裝回。

04

（ 1 ） 雇主對於勞工使用之移動梯，依職業安全衛生設施規則規定，下列敘述何者錯誤？

　　① 寬度應在 20 公分以上　　② 具有堅固之構造

　　③ 有防止滑溜之措施　　　　④ 其材質不得有顯著之損傷

│解析　職業安全衛生設施規則第 229 條

雇主對於使用之移動梯，應符合下列之規定：

一、具有堅固之構造。

二、其材質不得有顯著之損傷、腐蝕等現象。

三、寬度應在 **30** 公分以上。

四、應採取防止滑溜或其他防止轉動之必要措施。

05

（ 3 ） 為防止勞工有自粉碎機及混合機之開口部分墜落之虞，依職業安全衛生設施規則規定，雇主應設置高度至少在幾公分以上之圍柵等必要設備？

① 75　　　　　　　　　　② 50
③ 90　　　　　　　　　　④ 30

｜解析　職業安全衛生設施規則第 76 條

為防止勞工有自粉碎機及混合機之開口部分墜落之虞，雇主應有覆蓋，護圍、高度在 90 公分以上之圍柵等必要設備。但設置覆蓋、護圍或圍柵有阻礙作業，且從事該項作業之勞工佩戴安全帶或安全索以防止墜落者，不在此限。

06

（ 4 ） 雇主對於勞工所使用之合梯，依職業安全衛生設施規則規定，下列敘述何者有誤

① 應有安全之防滑梯面
② 具有堅固之構造
③ 兩梯腳間有金屬等硬質繫材扣牢
④ 梯腳與地面之角度應在 85 度以內

｜解析　職業安全衛生設施規則第 230 條

雇主對於使用之合梯，應符合下列規定：

一、具有堅固之構造。

二、其材質不得有顯著之損傷、腐蝕等。

三、梯腳與地面之角度應在 75 度以內，且兩梯腳間有金屬等硬質繫材扣牢，腳部有防滑絕緣腳座套。

四、有安全之防滑梯面。

雇主不得使勞工以合梯當作二工作面之上下設備使用，並應禁止勞工站立於頂板作業。

（ 4 ） 下列何者對於移動式施工架使用之敘述有誤？
　　① 應注意腳底踩踏位置避免扭傷
　　② 攀爬施工架上下時，手足應確實抓緊及採穩
　　③ 確認安全帶已勾掛妥實
　　④ 構築使用之材料有突出之釘類均應釘入或拔除

| 解析 營造安全衛生設施標準第 42 條第 1 項第 6 款

構築使用之材料有突出之釘類均應釘入或拔除，為施工架組配作業規定辦理事項。

08

（ 2 ） 颱風來臨前，派任勞工至屋頂進行作業時，須採取相關施工安全事項，下列何者敘述有誤？
　　① 應於適當間隔設置中間桿柱
　　② 相鄰兩中間桿柱之母索可繫掛兩條安全帶
　　③ 定期檢查各項構建之安全性能
　　④ 人員移動時，應採用背負式安全帶及捲揚防墜器

| 解析 營造安全衛生設施標準第 23 條

雇主提供勞工使用之安全帶或安裝安全母索時，應依下列規定辦理：

八、水平安全母索之設置，應依下列規定辦理：

　　(二) 錨錠點與另一繫掛點間、相鄰二錨錠點間或母索錨錠點間之安全母索僅能繫掛一條安全帶。

3

一般行業管理實務－墜落危害預防管理實務

09

（ 2 ） 當勞工在高度 2 公尺以上之開口進行作業時，請問下列何者的墜落
預防措施不正確？
① 規劃施工通道及上下設備　　② 於開口邊緣架設繩索做為護欄
③ 施作防護設施　　　　　　　④ 按標準作業流程施作

解析 職業安全衛生設施規則第 224 條

雇主對於高度在 2 公尺以上之工作場所邊緣及開口部分，勞工有遭
受墜落危險之虞者，應設有適當強度之護欄、護蓋等防護設備。

雇主為前項措施顯有困難，或作業之需要臨時將護欄、護蓋等拆
除，應採取使勞工使用安全帶等防止因墜落而致勞工遭受危險之措
施。

10

（ 3 ） 合梯是工作場所中常用的設備，請問下列何者敘述有誤？
① 有堅固安全之構造
② 單人使用時，禁止登上最上一層頂板
③ 5 公尺以上仍應使用合梯作業
④ 腳部需撐開與地面成 75 度

解析 職業安全衛生設施規則第 225 條

雇主對於在高度 2 公尺以上之處所進行作業，勞工有墜落之虞者，
應以架設施工架或其他方法設置工作台。但工作台之邊緣及開口部
分等，不在此限。

職業安全衛生設施規則第 230 條

雇主對於使用之合梯，應符合下列規定：

一、具有堅固之構造。

二、其材質不得有顯著之損傷、腐蝕等。

三、梯腳與地面之角度應在 75 度以內，且兩梯腳間有金屬等硬質繫材扣牢，腳部有防滑絕緣腳座套。

四、有安全之防滑梯面。

雇主不得使勞工以合梯當作二工作面之上下設備使用，並應禁止勞工站立於頂板作業。

11

(1)　高處作業依職業安全衛生設施規則規定，是指多少公尺以上？
① 2　　　　　　　　　　② 4
③ 5　　　　　　　　　　④ 3

解析　職業安全衛生設施規則第 281 條

雇主對於在高度 2 公尺以上之高處作業，勞工有墜落之虞者，應使勞工確實使用安全帶、安全帽及其他必要之防護具，但經雇主採安全網等措施者，不在此限。

前項安全帶之使用，應視作業特性，依國家標準規定選用適當型式，對於鋼構懸臂突出物、斜籬、2 公尺以上未設護籠等保護裝置之垂直固定梯、局限空間、屋頂或施工架組拆、工作台組拆、管線維修作業等高處或傾斜面移動，應採用符合國家標準 CNS 14253-1 同等以上規定之全身背負式安全帶及捲揚式防墜器。

12

(2)　合梯之梯腳與地面角度依職業安全衛生規則規定，應在幾度以內？
① 82　　　　　　　　　② 75
③ 80　　　　　　　　　④ 85

解析　職業安全衛生設施規則第 230 條

雇主對於使用之合梯，應符合下列規定：

一、具有堅固之構造。

二、其材質不得有顯著之損傷、腐蝕等。

三、梯腳與地面之角度應在 **75** 度以內，且兩梯腳間有金屬等硬質繫材扣牢，腳部有防滑絕緣腳座套。

四、有安全之防滑梯面。

雇主不得使勞工以合梯當作二工作面之上下設備使用，並應禁止勞工站立於頂板作業。

13

（ 4 ） 為避免發生墜落之危害，下列何者為最好的安全作法？

① 以施工架作業　　　　　　② 以合梯作業
③ 於工作台作業　　　　　　④ 於地面作業

解析　雖然①、②、③皆是符合法規的高處作業方式，但是只有地面作業才能完全避免發生人員墜落之危害。

14

（ 2 ） 雇主對於懸吊式施工架之組配及拆除作業，應指派具有何種訓練合格之人員於現場監督施工？

① 職業安全衛生管理員　　　② 施工架組配作業主管
③ 職業安全衛生業務主管　　④ 職業安全衛生管理師

解析　營造安全衛生設施標準第 41 條

雇主對於懸吊式施工架、懸臂式施工架及高度 5 公尺以上施工架之組配及拆除作業，應指派施工架組配作業主管於作業現場辦理下列事項：……。

15

（ 4 ） 移動梯的寬度依職業安全衛生設施規則規定，應在多少公分以上？

① 15　　　　　　　　　　② 25

③ 20　　　　　　　　　　④ 30

解析　職業安全衛生設施規則第 229 條

雇主對於使用之移動梯，應符合下列之規定：

一、具有堅固之構造。

二、其材質不得有顯著之損傷、腐蝕等現象。

三、寬度應在 30 公分以上。

四、應採取防止滑溜或其他防止轉動之必要措施。

16

（ 2 ） 雇主對於勞工於高度多少公尺以上之高處作業，依職業安全衛生設施規則，應使勞工確實使用安全帶、安全帽及其他必要之防護具？

① 1.5　　　　　　　　　　② 2

③ 2.5　　　　　　　　　　④ 3

解析　職業安全衛生設施規則第 281 條

雇主對於在高度 2 公尺以上之高處作業，勞工有墜落之虞者，應使勞工確實使用安全帶、安全帽及其他必要之防護具，但經雇主採安全網等措施者，不在此限。

前項安全帶之使用，應視作業特性，依國家標準規定選用適當型式，對於鋼構懸臂突出物、斜籬、2 公尺以上未設護籠等保護裝置之垂直固定梯、局限空間、屋頂或施工架組拆、工作台組拆、管線維修作業等高處或傾斜面移動，應採用符合國家標準 CNS 14253-1 同等以上規定之全身背負式安全帶及捲揚式防墜器。

17

（ ２ ）工作台、作業面開口部分之護欄，依營造安全衛生設施標準規定，其前項護欄高度應在多少公分以上？

① 60　　　　　　　　　　② 90

③ 105　　　　　　　　　④ 70

解析　營造安全衛生設施標準第 19 條

雇主對於高度 2 公尺以上之屋頂、鋼梁、開口部分、階梯、樓梯、坡道、工作臺、擋土牆、擋土支撐、施工構臺、橋梁墩柱及橋梁上部結構、橋臺等場所作業，勞工有遭受墜落危險之虞者，應於該處設置護欄、護蓋或安全網等防護設備。

雇主設置前項設備有困難，或因作業之需要臨時將護欄、護蓋或安全網等防護設備開啟或拆除者，應採取使勞工使用安全帶等防止墜落措施。但其設置困難之原因消失後，應依前項規定辦理。

營造安全衛生設施標準第 20 條

雇主依規定設置之護欄，應依下列規定辦理：

一、具有高度 90 公分以上之上欄杆、中間欄杆或等效設備（以下簡稱中欄杆）、腳趾板及杆柱等構材；其上欄杆、中欄杆及地盤面與樓板面間之上下開口距離，應不大於 55 公分。

18

（ １ ）屋頂作業是屬於易發生事故的高風險作業之一，請問勞工於屋頂作業時的主要危害為何？

①人員踏穿屋頂，發生墜落

②屋頂維修只要聘請專業泥水師父，就不會產生危害

③瓦片未灑水，致更換屋頂瓦片時產生粉塵

④材料未經核對，致外觀不良

| 解析 營造安全衛生設施標準第 18 條

雇主使勞工於屋頂從事作業時，應指派專人督導，並依下列規定辦理：

一、因屋頂斜度、屋面性質或天候等因素，致勞工有墜落、滾落之虞者，應採取適當安全措施。

二、於斜度大於 34 度，即高底比為 2 比 3 以上，或為滑溜之屋頂，從事作業者，應設置適當之護欄，支承穩妥且寬度在 40 公分以上之適當工作臺及數量充分、安裝牢穩之適當梯子。但設置護欄有困難者，應提供背負式安全帶使勞工佩掛，並掛置於堅固錨錠、可供鉤掛之堅固物件或安全母索等裝置上。

三、於易踏穿材料構築之屋頂作業時，應先規劃安全通道，於屋架上設置適當強度，且寬度在 30 公分以上之踏板，並於下方適當範圍裝設堅固格柵或安全網等防墜設施。但雇主設置踏板面積已覆蓋全部易踏穿屋頂或採取其他安全工法，致無踏穿墜落之虞者，不在此限。

19

（ 2 ） 當有勞工從事高度 5 公尺以上未滿 20 公尺之高架作業者，依高架作業勞工保護措施標準規定，每連續作業 2 小時，至少應休息多少分鐘？

① 20　　　　　　　　　　② 25
③ 30　　　　　　　　　　④ 40

| 解析 依據高架作業勞工保護措施標準第 4 條

雇主使勞工從事高架作業時，應減少工作時間，每連續作業 2 小時，應給予作業勞工下列休息時間：

一、高度在 2 公尺以上未滿 5 公尺者，至少有 20 分鐘休息。

二、高度在 5 公尺以上未滿 20 公尺者，至少有 25 分鐘休息。

三、高度在 20 公尺以上者，至少有 35 分鐘休息。

20

（ 4 ）當勞工從事高架時，發生有些情況，依高架作業勞工保護措施標準
規定，雇主是不得使其從事高架作業，請問下列何者不包含在內？
① 情緒不穩定，有安全顧慮者
② 酒醉或有酒醉之虞者
③ 勞工自覺不適從事工作者
④ 有吸菸習慣者

解析　依據高架作業勞工保護措施標準第 8 條

勞工有下列情事之一者，雇主不得使其從事高架作業：

一、酒醉或有酒醉之虞者。

二、身體虛弱，經醫師診斷認為身體狀況不良者。

三、情緒不穩定，有安全顧慮者。

四、勞工自覺不適從事工作者。

五、其他經主管人員認定者。

21

（ 3 ）雇主對於高度在 2 公尺以上之工作場所邊緣及開口部份，勞工有遭
受墜落危險之虞者，依職業安全衛生設施規則規定，下列何者並非
雇主應採取之防護措施？
① 適當強度之護欄　　　　　② 握把
③ 設置適當標示　　　　　　④ 護蓋

解析　職業安全衛生設施規則第 224 條

雇主對於高度在 2 公尺以上之工作場所邊緣及開口部分，勞工有遭
受墜落危險之虞者，應設有適當強度之護欄、護蓋等防護設備。

設置適當標示屬於行政管理，非屬於防護設備。

（ 3 ） 雇主對勞工於以石綿板、鐵皮板、瓦、木板、茅草、塑膠等材料構築之屋頂及雨遮，或於以礦纖板、石膏板等材料構築之夾層天花板從事作業時，依職業安全衛生設施規則規定，下列何者並非雇主應採取防止勞工踏穿墜落之安全防護措施？

① 規劃安全通道，於屋架、雨遮或天花板支架上設置適當強度且寬度在 30 公分以上之踏板

② 於屋架、雨遮或天花板下方可能墜落之範圍，裝設堅固格柵或安全網等防墜設施

③ 指定專人指揮或監督該作業

④ 指定屋頂作業主管指揮或監督該作業

解析 依據職業安全衛生設施規則第 227 條

雇主對勞工於以石綿板、鐵皮板、瓦、木板、茅草、塑膠等易踏穿材料構築之屋頂及雨遮，或於以礦纖板、石膏板等易踏穿材料構築之夾層天花板從事作業時，為防止勞工踏穿墜落，應採取下列設施：

一、規劃安全通道，於屋架、雨遮或天花板支架上設置適當強度且寬度在 30 公分以上之踏板。

二、於屋架、雨遮或天花板下方可能墜落之範圍，裝設堅固格柵或安全網等防墜設施。

三、指定屋頂作業主管指揮或監督該作業。

雇主對前項作業已採其他安全工法或設置踏板面積已覆蓋全部易踏穿屋頂、雨遮或天花板，致無墜落之虞者，得不受前項限制。

23

(1) 使勞工於易踏穿材料構築之屋頂作業時，依營造安全衛生設施標準規定，下列何者並非雇主應採取防止勞工踏穿墜落之安全防護措施？
①護欄　　　　　　　　　　②安全通道
③安全網　　　　　　　　　④適當強度、寬度之踏板

解析 依據營造安全衛生設施標準第 18 條

雇主使勞工於屋頂從事作業時，應指派專人督導，並依下列規定辦理：……。三、於易踏穿材料構築之屋頂作業時，應先規劃安全通道，於屋架上設置適當強度，且寬度在 30 公分以上之踏板，並於下方適當範圍裝設堅固格柵或安全網等防墜設施。……。

24

(1) 雇主對於在高度二公尺以上之屋頂作業，勞工有墜落之虞者，依職業安全衛生設施規則，應使勞工確實使用安全帶、安全帽及其他必要之防護具，其安全帶應符合何種國家標準 ？
① CNS 14253-1　　　　　② CNS 45001
③ CNS 4782　　　　　　　④ CNS 9788

解析 依據職業安全衛生設施規則第 281 條

雇主對於在高度 2 公尺以上之高處作業，勞工有墜落之虞者，應使勞工確實使用安全帶、安全帽及其他必要之防護具，但經雇主採安全網等措施者，不在此限。

前項安全帶之使用，應視作業特性，依國家標準規定選用適當型式，對於鋼構懸臂突出物、斜籬、2 公尺以上未設護籠等保護裝置之垂直固定梯、局限空間、屋頂或施工架組拆、工作台組拆、管線維修作業等高處或傾斜面移動，應採用符合國家標準 CNS 14253-1 同等以上規定之全身背負式安全帶及捲揚式防墜器。

25

（ 3 ） 對於背負式安全帶之使用，下列何者不正確？

① 作業有改變移動方向者須搭配使用雙掛勾之安全帶

② 使用具緩衝包之安全帶時，應考量人員作業位置與地面間之淨距

③ 安全帶應勾掛於施工架之交叉拉桿上，以確保人員安全

④ 安全帶之繫索或安全母索應予保護，避免受切斷或磨損

解析 依據營造安全衛生設施標準第 23 條規定，安全帶或安全母索不得勾掛或繫結於護欄之桿件，除非該桿件之強度至少應能承受每人 2,300 公斤之拉力。

3-2 機械安全管理實務　甲 乙 丙 丁

01

（ 4 ） 輸送帶容易發生被捲事故，下列何者不是常見的安全防護裝置？

① 緊急停止開關　　　　　　② 頭尾輪護罩

③ 啟動前之警報裝置　　　　④ 變速裝置

解析 職業安全衛生設施規則第 48 條

雇主對於具有顯著危險之原動機或動力傳動裝置，應於適當位置設置緊急制動裝置，立即遮斷動力並與剎車系統連動，於緊急時能立即停止原動機或動力傳動裝置之轉動。

職業安全衛生設施規則第 49 條

雇主對於傳動帶，應依下列規定裝設防護物：

一、離地 2 公尺以內之傳動帶或附近有勞工工作或通行而有接觸危險者，應裝置適當之圍柵或護網。

二、幅寬 20 公分以上，速度每分鐘 550 公尺以上，兩軸間距離 3 公尺以上之架空傳動帶週邊下方，有勞工工作或通行之各段，應裝設堅固適當之圍柵或護網。

三、穿過樓層之傳動帶，於穿過之洞口應設適當之圍柵或護網。

職業安全衛生設施規則第 50 條

動力傳動裝置之轉軸，應依下列規定裝設防護物：

一、離地 2 公尺以內之轉軸或附近有勞工工作或通行而有接觸之危險者，應有適當之圍柵、掩蓋護網或套管。

二、因位置關係勞工於通行時必須跨越轉軸者，應於跨越部份裝置適當之跨橋或掩蓋。

職業安全衛生設施規則第 51 條

動力傳動裝置有定輪及遊輪者，雇主應依下列規定設置適當之裝置：

一、移帶裝置之把柄不得設於通道上。

二、移帶裝置之把柄，其開關方向應一律向左或向右，並加標示。

三、應有防止傳動帶自行移入定輪之裝置。

職業安全衛生設施規則第 54 條

雇主對於機械開始運轉有危害勞工之虞者，應規定固定信號，並指定指揮人員負責指揮。

02

（ 4 ）　以鑽床進行加工作業時，何者屬於不安全行為？

　　①穿著具袖扣之工作服　　　②原有防護罩被拆

　　③固定夾（stopper）不靈　　④戴棉紗手套

解析　不安全行為係指工作者之動作，不安全狀態則是指環境或設備，戴棉紗手套操作鑽床容易有被捲夾之虞，係操作人員之不安全行為。

03

(3) 為防止夾傷、捲傷災害，實施機械點檢、修理、清掃時，下列何者
無法有效的避免災害事故？
　　①上鎖　　　　　　　　　②告示點檢中
　　③戴用手套　　　　　　　④告示危險勿近

| **解析** 　職業安全衛生設施規則第 57 條

雇主對於機械之掃除、上油、檢查、修理或調整有導致危害勞工之
虞者，應停止相關機械運轉及送料。為防止他人操作該機械之起動
等裝置或誤送料，應採上鎖或設置標示等措施，並設置防止落下物
導致危害勞工之安全設備與措施。

04

(1) 5. 下列何者為衝剪機械的感應式安全裝置？
　　①光電式　　　　　　　　②限制式
　　③拉回式　　　　　　　　④掃除式

| **解析** 　機械設備器具安全標準第 11 條

感應式安全裝置，應為光電式安全裝置、具起動控制功能之光電式
安全裝置、雷射感應式安全裝置或其他具有同等感應性能以上之安
全裝置。

05

(3) 進行桌上型研磨機作業時，站於何處較為安全？
　　①後面　　　　　　　　　②任何位置均可
　　③側面　　　　　　　　　④正前方

| **解析** 　研磨機上研磨輪若有破裂，則會沿著轉動之切線方向飛出，故啟動
或使用時，應站在研磨機之側面。

06

（ 2 ）　皮帶與皮帶輪間常見之危害，是屬於下列何者？
① 鋸切
② 捲夾
③ 衝壓
④ 切割

解析　皮帶與皮帶輪間之間隙為常發生捲夾危害之捲夾點。

07

（ 4 ）　機械設備安全防護之首要也是最重要的目的為何？
① 避免機械損壞
② 預防操作者生病
③ 易於維護保養
④ 避免機械動力與人體接觸所造成的傷害

解析　機械設備安全防護的目的為避免機械動力與人體接觸所造成的傷害。

08

（ 4 ）　某煉鋼廠以架空固定式起重機從事吊運鋼液作業，該起重機之吊升荷重為 100.5 公噸，吊鉤重 0.5 公噸，吊梁鉤重 1 公噸，下列敘述何者正確？
① 該起重機屬移動式起重機
② 該起重機於此作業之額定荷重為 100 公噸
③ 該起重機於此作業之額定荷重為 99.5 公噸
④ 該起重機於此作業之額定荷重為 99 公噸

解析　吊運車架空移動起重機屬於固定式起重機

起重升降機具安全規則第 6 條

本規則所稱額定荷重，在未具伸臂之固定式起重機或未具吊桿之人字臂起重桿，指自吊升荷重扣除吊鉤、抓斗等吊具之重量所得之荷重。

額定荷重 (99)= 吊升荷重 (100.5)- 吊具重 (0.5+1)

09

（ 4 ） 請問一般如何安全操作雙手啟動之設備（裝設 **2** 個按鈕）？

① 兩手輪流各按 1 個，先用左手按

② 兩手輪流各按 1 個，先用右手按

③ 可用膠帶固定其中 1 個，一手按另 1 個，加快物件處理速度

④ 兩手同時各按 1 個

解析 機械設備器具安全標準第 10 條

雙手操作式安全裝置應符合下列規定：

四、以雙手操控作動滑塊等之操作部，具有其左右手之動作時間差非在 **0.5** 秒以內，滑塊等無法動作之構造。

10

（ 3 ） 緊急制動裝置在發生緊急狀況時，是個很有效防止災害發生之裝置，請問一般應設置於何處？

① 任何地方　　　　　　　　② 機器之起動開關處

③ 操作勞工隨手可及之位置　④ 總電源處

解析 職業安全衛生設施規則第 45 條

雇主對於使用動力運轉之機械，具有顯著危險者，應於適當位置設置有明顯標誌之緊急制動裝置，立即遮斷動力並與制動系統連動，能於緊急時快速停止機械之運轉。

職業安全衛生設施規則第 79 條

雇主對於滾輾橡膠、橡膠化合物、合成樹脂之滾輾機或其他具有危害之滾輾機，應設置於災害發生時，被害者能自己易於操縱之緊急制動裝置。

11

(4) 請問有關機械安全防護的主要目的，下列何者為非？

① 提高生產效率與品質

② 節省因災害所產生之直接損失及間接損失

③ 掃除工作人員恐懼機械之心理

④ 操作人員可不按標準作業程序操作

解析　不按標準作業程序操作屬於不安全行為，非機械安全防護之主要目的。

12

(1) 下列何種安全裝置之機能，依機械設備器具安全標準規定，係指以雙手操作按鈕等，於滑塊等動作中，手離開按鈕等時使手無法達到危險界限？

① 雙手起動式安全裝置　　　② 掃除式安全裝置

③ 感應式安全裝置　　　　　④ 護圍、護罩

解析　機械設備器具安全標準第 6 條

衝剪機械之安全裝置，應具有下列機能之一：

一、連鎖防護式安全裝置：滑塊等在閉合動作中，能使身體之一部無介入危險界限之虞。

二、雙手操作式安全裝置：

(一) 安全一行程式安全裝置：在手指按下起動按鈕、操作控制桿或操作其他控制裝置（以下簡稱操作部），脫手後至該手達到危險界限前，能使滑塊等停止動作。

(二) 雙手起動式安全裝置：以雙手作動操作部，於滑塊等閉合動作中，手離開操作部時使手無法達到危險界限。

三、感應式安全裝置：滑塊等在閉合動作中，遇身體之一部接近危險界限時，能使滑塊等停止動作。

四、拉開式或掃除式安全裝置：滑塊等在閉合動作中，遇身體之一部介入危險界限時，能隨滑塊等之動作使其脫離危險界限。

前項各款之安全裝置，應具有安全機能不易減損及變更之構造。

13

(3) 當有移動式護罩被打開，且未回到原始防護位置前，此機器會無法
啟動，這一種的安全措施稱為？
　①固定防護　　　　　　　　②拉回式防護
　③安全連鎖　　　　　　　　④動作限制

| **解析** 機械設備器具安全標準第 9 條

連鎖防護式安全裝置應符合下列規定：

一、除寸動時外，具有防護裝置未閉合前，滑塊等無法閉合動作之
構造及於滑塊等閉合動作中，防護裝置無法開啟之構造。

二、滑塊等之動作用極限開關，具有防止身體、材料及其他防護裝
置以外物件接觸之措置。

14

(4) 當機械安全裝置出現異常且有可能危害勞工時，雇主應採下列何種
措施？
　①由主管決定是否繼續工作　②繼續工作
　③視現場狀況而定　　　　　④停止工作

| **解析** 機械安全裝置處發生故障，應停止工作，立即改善。

15

(4) 下列何者操作非屬動力衝剪機械之安全防護作為？
　①安全裝置失效時，立即停止作業
　②依照安全衛生作業標準操作
　③作業前實施檢點
　④為增加效率可拆除其安全裝置

| **解析** 職業安全衛生設施規則第 326 條

本規則規定之一切有關安全衛生設施，雇主應切實辦理，並應經常
注意維修與保養。如發現有異常時，應即補修或採其他必要措施。

16

（ 2 ）　對於機械之原動機、轉軸、齒輪等有使勞工捲入之虞部分，依職業安全衛生設施規則，應設置下列何種安全防護？

①緊急警報裝置　　　　　　②護罩、護圍等設備
③光柵感應裝置　　　　　　④設置個人防護具

解析　職業安全衛生設施規則第 43 條

雇主對於機械之原動機、轉軸、齒輪、帶輪、飛輪、傳動輪、傳動帶等有危害勞工之虞之部分，應有護罩、護圍、套胴、跨橋等設備。

17

（ 1 ）　雇主設置下列哪一類機械，依職業安全衛生法規定，應符合中央主管機關所定安全標準？

①動力衝剪機械　　　　　　②起重機
③升降機　　　　　　　　　④吊籠

解析　職業安全衛生法第 7 條

製造者、輸入者、供應者或雇主，對於中央主管機關指定之機械、設備或器具，其構造、性能及防護非符合安全標準者，不得產製運出廠場、輸入、租賃、供應或設置。

職業安全衛生法施行細則第 12 條

本法第 7 條第一項所稱中央主管機關指定之機械、設備或器具如下：

一、動力衝剪機械。

二、手推刨床。

三、木材加工用圓盤鋸。

四、動力堆高機。

五、研磨機。

六、研磨輪。

七、防爆電氣設備。

八、動力衝剪機械之光電式安全裝置。

九、手推刨床之刃部接觸預防裝置。

十、木材加工用圓盤鋸之反撥預防裝置及鋸齒接觸預防裝置。

十一、其他經中央主管機關指定公告者。

18

(3) 使勞工從事危險性之機械或設備操作，依職業安全衛生法規定，雇主應僱用經中央主管機關認可之訓練或經技能檢定合格之人員充任之，如違反者雇主應受何種處罰？

①處新臺幣 3 仟元以下罰鍰

②處新臺幣 3 萬元以上 6 萬元以下罰鍰

③處新臺幣 3 萬元以上 30 萬元以下罰鍰

④處一年以下有期徒刑、拘役、科或併科新臺幣 9 萬元以下罰鍰

解析 職業安全衛生法第 24 條

經中央主管機關指定具有危險性機械或設備之操作人員，雇主應僱用經中央主管機關認可之訓練或經技能檢定之合格人員充任之。

職業安全衛生法第 43 條

有下列情形之一者，處新臺幣 3 萬元以上 30 萬元以下罰鍰：……

二、……、第 24 條、……。

19

（ 2 ） 固定式起重機吊升荷重至少在多少公噸以上者，依職業安全衛生法令規定，須由接受中央主管機關認可之訓練或經技能檢定合格人員擔任操作人員？

① 1　　　　　　　　　　　　② 3

③ 5　　　　　　　　　　　　④ 10

解析　職業安全衛生法第 24 條

經中央主管機關指定具有危險性機械或設備之操作人員，雇主應僱用經中央主管機關認可之訓練或經技能檢定之合格人員充任之。

危險性機械設備安全檢查規則第 3 條

本規則適用於下列容量之危險性機械：

一、固定式起重機：吊升荷重在 3 公噸以上之固定式起重機……。

20

（ 3 ） 機械間或其他設備間之通道，依職業安全衛生設施規則規定，不得小於多少公分？

① 60　　　　　　　　　　　② 75

③ 80　　　　　　　　　　　④ 90

解析　職業安全衛生設施規則第 31 條

雇主對於室內工作場所，應依下列規定設置足夠勞工使用之通道：

一、應有適應其用途之寬度，其主要人行道不得小於 1 公尺。

二、各機械間或其他設備間通道不得小於 80 公分。

三、自路面起算 2 公尺高度之範圍內，不得有障礙物。但因工作之必要，經採防護措施者，不在此限。

四、主要人行道及有關安全門、安全梯應有明顯標示。

21

(3)　起重機具所使用之吊鉤，依職業安全衛生設施規則規定，其安全係數應在多少以上？
①　2　　　　　　　　　　　②　3
③　4　　　　　　　　　　　④　5

解析　職業安全衛生設施規則第 97 條

雇主對於起重機具所使用之吊掛構件，應使其具足夠強度，使用之吊鉤或鉤環及附屬零件，其斷裂荷重與所承受之最大荷重比之安全係數，應在 4 以上。但相關法規另有規定者，從其規定。

22

(3)　動力堆高機之載物架，最多可載幾人？
①　1　　　　　　　　　　　②　3
③不可載人　　　　　　　　④　2

解析　依職業安全衛生設施規則第 116 條第 1 項第 2 款規定，對於車輛系營建機械及堆高機，除乘坐席位外，於作業時不得搭載勞工。

23

(4)　依職業安全衛生法施行細則規定，下列何者非屬符合中央主管機關所定一定容量以上之「具有危險性之設備」？
①高壓氣體特定設備　　　　②鍋爐
③高壓氣體容器　　　　　　④固定式起重機

解析　依職業安全衛生法施行細則第 23 條規定本法第 16 條第 1 項所稱具有危險性之設備，指符合中央主管機關所定一定容量以上之下列設備：

一、鍋爐。

二、壓力容器。

三、高壓氣體特定設備。

四、高壓氣體容器。

五、其他經中央主管機關指定公告具有危險性之設備。

24

(1) 雙手控制按鈕方能啟動機器,為何種防護法?
① 操作法　　　　　　　　② 自動法
③ 連鎖法　　　　　　　　④ 機外防護法

解析 機械防護又分為護罩法〈Enclosure guarding〉、連鎖法〈Inter-locking guarding〉自動防護法〈Automatic guarding〉、雙手同操裝置〈亦稱操作法〉... 等。

題旨雙手控制按鈕方能啟動機器,屬於「操作法」。

25

(4) 洗衣機脫水槽,必須在槽蓋蓋好後才能運轉,槽蓋打開時,電源立刻切斷並煞車停止,為何種防護法?
① 操作法　　　　　　　　② 機外防護法
③ 護罩法　　　　　　　　④ 連鎖法

解析 脫水係利用離心原理,將衣物水分移除,依據職業安全衛生設施規則第 73 條,對於離心機械,應裝置覆蓋及「連鎖裝置」,連鎖裝置,應使覆蓋未完全關閉時無法啟動。

機械防護又分為護罩法〈Enclosure guarding〉、連鎖法〈Inter-locking guarding〉自動防護法〈Automatic guarding〉、雙手同操裝置〈亦稱操作法〉... 等。

火災爆炸預防管理實務　甲 乙 丙 丁

01

（ 1 ） 有一種滅火方式為將燃燒中的物質移開或斷絕供應，以削弱火勢或阻止火勢延燒，請問是指下列何者？
① 隔離法　　　　　　　　② 窒息法
③ 冷卻法　　　　　　　　④ 抑制法

解析　常用的四種滅火方法及原理如下：

隔離法：燃燒中的物質移開或斷絕供應。

窒息：隔絕或降低氧氣濃度。

冷卻：降低環境中之溫度，使反應無法進行。

抑制：使用自由基與火焰中的自由基結合，阻斷連鎖反應。

02

（ 3 ） 有關金屬物質（如金屬鋰、金屬鈉與金屬鉀）之保存方式，下列何者最合適？
① 放置於空氣中　　　　　② 放置於水中
③ 儲存於石油醚中　　　　④ 儲存於含水酒精中

解析　金屬鋰、金屬鈉與金屬鉀會與水（包含空氣中的水氣）反應，產生氧化反應，故其保存需要隔絕水氣。一般常儲存於有機溶劑（如石油醚、環己烷等），利用有機溶劑與水不互溶的原理，來達到隔絕水氣的效果。

03

（ 1 ）　雇主於鍋爐設置完成時，依危險性機械及設備安全檢查規則規定，應向檢查機構申請何種檢查？
　　　①竣工檢查　　　　　　　　②型式檢查
　　　③使用檢查　　　　　　　　④構造檢查

解析　危險性機械及設備安全檢查規則第 81 條

雇主於鍋爐設置完成時，應向檢查機構申請竣工檢查；未經竣工檢查合格，不得使用。

檢查機構實施前項竣工檢查時，雇主或其指派人員應在場。

04

（ 1 ）　易燃性液體所產生之蒸氣與空氣混合，且其濃度達燃燒下限後，遇火苗即能瞬間燃燒並立即熄滅之最低溫度，為下列何者？
　　　①閃火點　　　　　　　　　②著火點
　　　③發火溫度　　　　　　　　④引火點

解析　閃火點：遇火苗即能瞬間燃燒並立即熄滅之最低溫度，此時濃度洽達爆炸下限。

著火點：遇火苗即能瞬間燃燒並能持續燃燒之最低溫度。

自燃溫度：不須外來火源，即可自行起火持續燃燒之溫度。

05

（ 2 ）　高壓氣體特定設備係指供高壓氣體之製造設備及其支持構造物，其容器以「每平方公分之公斤數」單位所表示之設計壓力數值與以「立方公尺」單位所表示之內容積數值之積，依危險性機械及設備安全檢查規則規定，係指超過多少者？
　　　① 0.03　　　　　　　　　② 0.04
　　　③ 0.01　　　　　　　　　④ 0.02

解析 危險性機械設備安全檢查規則第 4 條第 3 款：

高壓氣體特定設備：指供高壓氣體之製造（含與製造相關之儲存）設備及其支持構造物（供進行反應、分離、精鍊、蒸餾等製程之塔槽類者，以其最高位正切線至最低位正切線間之長度在 5 公尺以上之塔，或儲存能力在 300 立方公尺或 3 公噸以上之儲槽為一體之部分為限），其容器以「每平方公分之公斤數」單位所表示之設計壓力數值與以「立方公尺」單位所表示之內容積數值之積，超過 0.04 者。但下列各款容器，不在此限：

（一）泵、壓縮機、蓄壓機等相關之容器。

（二）緩衝器及其他緩衝裝置相關之容器。

（三）流量計、液面計及其他計測機器、濾器相關之容器。

（四）使用於空調設備之容器。

（五）溫度在攝氏 35 度時，表壓力在每平方公分 50 公斤以下之空氣壓縮裝置之容器。

（六）高壓氣體容器。

（七）其他經中央主管機關指定者。

06

（ 2 ） 請問最小著火能量（MIE）之單位為下列何者？
① 牛頓 ② 毫焦耳
③ 瓦特 ④ 伏特

解析 牛頓：力的單位。

毫焦耳：能量單位。

瓦特：功率單位。

伏特：電壓單位。

07

（ 1 ） 有關高壓氣體之製造，下列何者不適用？
①2 kg/cm² 之液態氧經汽化器處理成 3.5 kg/cm² 之氣態氧
②將 140 kg/cm² 之氧氣分裝於氧氣鋼瓶
③乙炔氣壓力 10 kg/cm² 經減壓閥減壓為 5 kg/cm²
④氫氣壓力 10 kg/cm² 經壓縮機升壓為 50 kg/cm²

解析 高壓氣體勞工安全規則第 2 條

本規則所稱高壓氣體如左：

一、 在常用溫度下，表壓力（以下簡稱壓力）達每平方公分 10 公斤以上之壓縮氣體或溫度在攝氏 35 度時之壓力可達每平方公分 10 公斤以上之壓縮氣體，但不含壓縮乙炔氣。

二、 在常用溫度下，壓力達每平方公分 2 公斤以上之壓縮乙炔氣或溫度在攝氏 15 度時之壓力可達每平方公分 2 公斤以上之壓縮乙炔氣。

三、 在常用溫度下，壓力達每平方公分 2 公斤以上之液化氣體或壓力達每平方公分 2 公斤時之溫度在攝氏 35 度以下之液化氣體。

四、 前款規定者外，溫度在攝氏 35 度時，壓力超過每平方公分 0 公斤以上之液化氣體中之液化氰化氫、液化溴甲烷、液化環氧乙烷或其他中央主管機關指定之液化氣體。

高壓氣體勞工安全規則第 16 條

本規則所稱處理設備，係指以壓縮、液化及其他方法處理氣體之高壓氣體製造設備。

08

（ 1 ） 電氣設備所引起的火災不建議採用哪一種滅火劑？
①泡沫 　　　　　　② ABC 類乾粉
③惰性氣體 　　　　④二氧化碳

解析 泡沫滅火器含有水，不適合用來撲滅電氣設備所引起之火災。

09

(1) 金屬鈉所引起之火災，是屬於哪一類型的火災？

① 丁類　　　　　　　　② 乙類

③ 甲類　　　　　　　　④ 丙類

解析　甲類火災：普通火災。

乙類火災：油類火災。

丙類火災：電氣火災。

丁類火災：特殊火災、金屬火災等屬之。

10

(3) 當開始提高氧氣濃度時，對易燃液體蒸氣的爆炸範圍可能產生的影響為何？

① 不變　　　　　　　　② 縮小

③ 擴大　　　　　　　　④ 不一定

解析　提高氧氣濃度，則易燃液體蒸氣爆炸下限降低、爆炸上限提高，增加爆炸範圍。

11

(2) 粉塵爆炸或燃燒的產生，往往跟其粉塵性質有關，請問下列何者較不會發生？

① 花粉　　　　　　　　② 鹽

③ 奶粉　　　　　　　　④ 糖

解析　鹽為無機物不具有可燃性，較不會引發粉塵爆炸或燃燒。

12

(1) 為了何種目的，會選擇裝設無熔絲開關？

① 防止電氣火災　　　　　　　② 防止靜電
③ 增加電阻　　　　　　　　　④ 防止感電

┃解析　無熔絲開關可以防止電路因為電流過高而產生電氣火災。

13

(1) 有關閃火點的敘述，下列何者正確？

① 物質溫度達到閃火點以上時，仍需點火源才可以燃燒
② 該閃火點的濃度即為爆炸上限
③ 木材也有閃火點
④ 物質的溫度未達閃火點時，仍可燃燒

┃解析　易燃性液體表面揮發少量蒸氣與空氣混合後，遇火苗即能產生瞬間燃燒之最低溫度稱為閃火點。

14

(1) 對於鋅錠熔解爐的作業，下列何種危害較常發生？

① 水蒸汽爆炸　　　　　　　　② 缺氧
③ 倒塌　　　　　　　　　　　④ 捲夾

┃解析　含有水分的鋁廢料進入熔解爐，水分瞬間氣化成水蒸汽，此時水的體積膨脹 1700 倍，產生物理性爆炸，並帶出高溫熔融鋁液，造成灼傷、火災危害。

15

(4) 燃燒四面體的要素，不包含下列何者？

① 連鎖反應　　　　　　　　　② 氧氣
③ 燃料　　　　　　　　　　　④ 壓力

┃解析　燃燒四面體為：燃料、助燃物（氧氣）、能量（溫度）及連鎖反應。

16

(4) 當爆炸性物質起爆之衝擊能所需能量越低,則我們可以判定其爆炸
物之危險性為何?
① 與衝擊能無關　　　　　　② 與最小著火能量成正比
③ 越低　　　　　　　　　　④ 越大

| **解析** 爆炸性物質起爆之衝擊能,若所需能量越低,表示較低的能量即可
引起爆炸,故危險性越高。

17

(4) 對於易燃液體火災,下列何種滅火劑不適用?
① 化學泡沫　　　　　　　　② 二氧化碳
③ 乾粉　　　　　　　　　　④ 水

| **解析** 易燃液體火災不適合用水撲滅,因為多數易燃液體與水不互溶,且
密度比水輕,會浮在水面上,隨著水流擴散,造成火災範圍擴大。

18

(2) 為避免槽車、油罐車進入石化廠所產生之廢氣引發火災爆炸,通常
會強制要求裝置滅焰器,此種預防火災爆炸之方法屬於下列何者?
① 隔離法　　　　　　　　　② 冷卻法
③ 窒息法　　　　　　　　　④ 抑制法

| **解析** 滅焰器的原理是利用金屬網目與火焰中之氣體接觸,使火焰中之氣
體快速降溫而熄滅。

19

(1) 下列何者防護措施較無法避免靜電火花之產生?
① 利用惰性氣體充填　　　　② 接地
③ 增加濕度　　　　　　　　④ 穿戴導電器具

| **解析** 使用惰性氣體充填,可以避免產生燃燒反應,但無法避免靜電火花。

20

（ 4 ） 下列何者非屬火災爆炸之預防控制防護方式？
①使用防爆電氣設備
②嚴禁煙火
③設備與配管接地與等電位連結
④設置自動撒水消防設備

| 解析 自動撒水消防設備屬於減災裝置，非屬預防裝置。

21

（ 1 ） 於粉塵作業場所需採取有效預防塵爆發生或降低塵爆嚴重度之措施，請問下列何種措施無法達到？
①使用壓縮空氣吹去可燃性粉塵以避免其堆積
②裝設洩爆門或破裂片
③用惰性氣體充填粉體儲槽
④設備與配管接地與等電位連結

| 解析 使用壓縮空氣吹可燃性粉塵，會使其揚起而增加塵爆風險；若要除去可燃性粉塵避免其堆積，應該定期使用濕抹布等擦拭清潔。

22

（ 4 ） 請問下列何者不屬於燃燒三要素？
①能量　　　　　　　　②氧氣
③燃料　　　　　　　　④距離

| 解析 燃燒三要素為：燃料、助燃物（氧氣）及能量（溫度）。

23

（ 4 ） 下列何種物質置放於高溫或劇烈摩擦下易產生爆炸？

①還原性物質 ②水溶液

③中性物質 ④氧化性物質

解析 依據「職業安全衛生設施規則」第 184 條第 1 項第 3 款，為防止爆炸、火災，對於氧化性物質，不得使其接觸促進其分解之物質，並不得予以加熱、摩擦或撞擊。

24

（ 3 ） 下列對粉塵爆炸的敘述何者錯誤？

①在該粉塵爆炸範圍內，氧的濃度愈高，粉塵愈容易爆炸

②空氣混合愈均勻愈容易發生

③通常是一次性，非連鎖性

④粉塵粒子愈小，粉塵愈容易燃燒

解析 選項③粉塵爆炸時先產生壓力波向外擴散前導，火焰隨之而至，爆炸波會使更多粉塵及沉積物揚起，火焰或高溫的粉塵再度引燃粉塵雲而發生第二次爆炸，以及接二連三的連續爆炸，造成更大的破壞。

25

（ 4 ） 下列何者非職業安全衛生設施規則所規定之危險物？

①爆炸性物質 ②著火性物質

③氧化性物質 ④有健康危害之物質

解析 危險物可分為：(1) 爆炸性物質 (2) 氧化性物質 (3) 著火性物質 (4) 易燃液體 (5) 可燃性氣體。

3-4 感電危害預防管理實務 甲 乙 丙 丁

01

(1) 靜電電荷累積後容易產生電弧放熱，下列何者措施不易消除靜電電荷累積？
①隔離產生靜電之設備　　②提高靜電環境之濕度
③裝置靜電消除器　　　　④以導體接地

解析 消除靜電累積的方式：

1. 接地。
2. 加濕。
3. 消除／中和累積之靜電。
4. 降低流動速率。

02

(1) 下列敘述何者有錯誤？
①無熔絲開關跳脫把手呈向下狀態
②電氣設備外殼做好接地，可將漏電地流引導至大地
③無熔絲開關自動跳脫，常見為回路用電量過大
④裝置漏電斷路器，可防止感電事故發生

解析 無熔絲開關跳脫時，把手原則上呈向下狀態，但視安裝的方式而定，非作為判斷的唯一依據。

03

(3) 電氣火災發生的原因非為下列何者？
①由於電荷聚集，產生靜電火花放電，引燃易燃物
②因開關起斷時所發生的火花，引燃附近的外物
③電流流入人體
④因電路短路引起高溫

| 解析 電流流入人體為感電。

04

(3) 於鍋爐胴體內等高導電場所作業，所使用之電氣設備電壓需維持多少伏特以下較佳？

① 220　　　　　　　　　② 440

③ 24　　　　　　　　　④ 110

| 解析 於高導電場所作業，所使用之電氣設備電壓應達本質安全（24V 以下）。

05

(4) 電氣迴路中，接地線披覆之絕緣皮顏色常為何色？

①紅　　　　　　　　　②藍

③黑　　　　　　　　　④綠

| 解析 屋內線路配線規則第 27 條

接地系統應依下列規定施工：

六、接地導線應使用銅導體，包括裸線、被覆線、絕緣線或匯流排。個別被覆或絕緣之設備接地導線，其外觀應為綠色或綠色加一條以上之黃色條紋者。

06

(4) 當金屬導線之外層絕緣破壞，使二個帶導電體彼此接觸，此現象稱為下列何者？

①斷路　　　　　　　　②尖端放電

③漏電　　　　　　　　④短路

| 解析
1. 斷路：電路中斷，無法形成迴路。

2. 尖端放電：帶電壓金屬之尖端末端有電弧等放電之現象。

3. 漏電：迴路中之電流未經由中性線，而經由其他路徑之現象。

4. 短路：兩帶電導體接觸，而有電流導通之現象。

07

(3) 當電氣迴路之電壓越高，則該迴路之感電危害性為何？
① 越低 ② 與電壓無關
③ 越高 ④ 不一定

解析 根據歐姆定律，電阻固定，則電壓越高，該迴路電擊時所通過的電流越大，危害越大。

08

(3) 人體因感電於梯子上墜落時，其災害類型為下列何者？
① 跌倒 ② 墜落
③ 感電 ④ 不當動作

解析 因感電而墜落之起因為感電，故災害類型為感電。

09

(3) 下列敘述何者較正確？
① 電擊之傷害程度與電流大小成反比
② 電擊之傷害與接觸電壓成反比
③ 電擊之傷害程度與電流之流經路徑有關
④ 乾燥皮膚之電阻較潮濕者為低

解析 (1) 電擊之傷害程度與電流大小成正比

(2) 電擊之傷害與接觸電壓成正比

(3) 電擊之傷害程度與電流之流經路徑有關，流經心臟會造成心跳停止。

(4) 乾燥皮膚之電阻較潮濕者為高。

10

(1) 火災由電氣設備所引起之種類為下列何者？
① C 類 　　　　　　　　　② D 類
③ B 類 　　　　　　　　　④ A 類

解析 A 類火災：普通火災。

B 類火災：油類火災。

C 類火災：電氣火災。

D 類火災：特殊火災。

11

(4) 依職業安全衛生設施規則規定，勞工通行時有接觸移動電線之虞者，對此電線之有關措施下列方式何者有誤？
①防止絕緣被破壞 　　　　②防止銅線裸露
③防止絕緣老化 　　　　　④散置於地面

解析 職業安全衛生設施規則第 246 條

雇主對勞工於作業中或通行時，有接觸絕緣被覆配線或移動電線或電氣機具、設備之虞者，應有防止絕緣被破壞或老化等致引起感電危害之設施。

12

(2) 如遇有人觸電罹難，急救前應先做何動作較適合？
①用手拉開遇難者與帶電體 　　②以乾燥絕緣物移開帶電體
③檢查呼吸 　　　　　　　　　④檢查心跳

解析 觸電遇難搭救時，不可以手拉開遇難者與帶電體，以免施救者感電。應以乾燥絕緣物移開帶電體後再檢查呼吸、心跳。

13

（ 1 ） 作業時鄰近之電壓越高，則所需之安全距離應為何變化？

①越大 ②無強制規範

③越小 ④與電壓高低無關

解析 職業安全衛生設施規則第 260 條第 1 款

使勞工使用活線作業用器具，並對勞工身體或其使用中之金屬工具、材料等導電體，應保持下表所定接近界限距離。充電電路之使用電壓越高，則接近界線距離越大。

14

（ 1 ） 為防止發生感電事故，勞工於鋼架上進行焊接作業使用之電焊機，應加裝下列何者較適當？

①自動電擊防止裝置 ②無熔絲開關

③突波吸收器 ④漏電斷路器

解析 交流電焊機為金屬熔接作業之常用設備，因使用不當或未設置自動電擊防止裝置，造成感電傷害事故屢有所聞。為預防職業災害發生，勞動部依職業安全衛生法第 8 條，公告指定交流電焊機用自動電擊防止裝置，自 107 年 7 月 1 日起製造者或輸入者應使該裝置經勞動部認可之驗證機構實施型式驗證合格。

15

（ 3 ） 下列電氣作業方式何者有誤？

①電氣維修作業應以停電作業為主

②開閉電器開關應訊速確實

③濕手操作開關

④必須活線作業時，應穿戴絕緣用防護具

解析 濕手時電阻最小，最容易發生感電危害。

16

（ 4 ） 有關電氣安全之敘述，下列何者有誤？

①保險絲等由合格電氣技術人員操作之

②不可用濕手操作開關

③非從事電氣有關人員不得進入電氣室

④電氣火災時用泡沫滅火器灌救

│解析 泡沫滅火器含有水分，不適合應用於電氣火災。

17

（ 1 ） 當採樣器接地不良或人體帶電等原因發生時，勞工於化學反應器採樣作業，可能會有造成靜電放電引起火災之危險，下列控制措施何者有誤？

①應使用氫氣進行空氣置換

②採取靜電防護措施

③攪拌器停止，代液體完全靜止後再採樣

④採樣口設置局部排氣裝置

│解析 應使用惰性氣體如氮氣或二氧化碳等進行置換，再通以大氣並使其採樣作業時，能有充足之氧氣。

18

（ 2 ） 進行有電的活線作業時，勞工應佩戴下列何種手套以絕緣？

①棉質　　　　　　　　②橡膠

③石綿　　　　　　　　④尼龍

│解析 絕緣手套一般常用材料為橡膠、乳膠、塑料等材料做成。

19

（ 1 ） 以三用電錶量測電壓時，三用電錶需與待測電路保持下列何種狀態才得以量測？

① 並聯　　　　　　　　　② 串聯

③ 串並聯　　　　　　　　④ 並排

解析　電流量測是用串聯；電壓量測是用並聯。

20

（ 3 ） 驗電筆可使用之用途不包含下列何者？

① 判別插座是否有電　　　② 判別火線與地線（110V）

③ 判別電流值　　　　　　④ 判別漏電現象

解析　驗電筆主要用來判別物體是否帶電，並無法判別其電流數值。

21

（ 1 ） 使用三用電錶量測電焊機二次側之接點或焊接夾頭，以判斷自動電擊防止裝置是否失效，其主要量測下列何者？

① 電壓　　　　　　　　　② 電流

③ 電阻　　　　　　　　　④ 電容

解析　依 CNS 4782（2018 版）電擊防止裝置的安全電壓必須滿足以下值：

(a) 在額定輸入電壓下為 25 V 以下。

(b) 在 -15 % ~ +10% 之輸入電壓範圍下為 30 V 以下。

22

（ 2 ） 三用電錶主要可量測之電路檢測項目，不包含下列何者？

① 電壓　　　　　　　　　② 電容

③ 電阻　　　　　　　　　④ 電流

解析　三用電錶可以量測項目為：電壓、電流與電阻。

23

（ 1 ） 漏電斷路器之性能中，高敏感度者係指額定動作電流在多少毫安培
以下？
① 30   ② 35
③ 40   ④ 45

解析 依用戶用電設備裝置規則附表 62-1（如下表所示），高敏感度（高靈
敏度型）為 30 mA 以下。

表六二～一 漏電斷路器之種類

類別	額定靈敏度電流（毫安）		動作時間
高靈敏度型	高速型	5、10、15、**30**	額定靈敏度電流 0.1 秒以內
	延時型		額定靈敏度電流 0.1 秒以上 2 秒以內
中靈敏度型	高速型	50、100、200、300、500、1000	額定靈敏度電流 0.1 秒以內
	延時型		額定靈敏度電流 0.1 秒以上 2 秒以內

註：漏電斷路器之最小動作電流，係額定靈敏度電流 50% 以上之電流值。

24

（ 1 ） 依職業安全衛生設施規則規定，特高壓之電壓範圍為下列何者？
① 超過 22,800 伏特
② 超過 220 伏特未滿 11,400 伏特
③ 超過 380 伏特未滿 22,800 伏特
④ 超過 440 伏特未滿 34,500 伏特

解析 職業安全衛生設施規則第 3 條

本規則所稱特高壓，係指超過 22,800 伏特之電壓；高壓，係指超過
600 伏特至 22,800 伏特之電壓；低壓，係指 600 伏特以下之電壓。

25

（ 4 ） 依職業安全衛生設施規則規定，低壓之電壓範圍為下列何者？
① 超過 600 伏特未滿 22,800 伏特
② 超過 220 伏特未滿 11,400 伏特
③ 超過 380 伏特未滿 22,800 伏特
④ 未滿 600 伏特

解析 職業安全衛生設施規則第 3 條

本規則所稱特高壓，係指超過 22,800 伏特之電壓；高壓，係指超過 600 伏特至 22,800 伏特之電壓；低壓，係指 600 伏特以下之電壓。

26

（ 1 ） 下列何者可作為電氣迴路過載之保護裝置？
① 熔絲開關　　　　　　　② 變壓器
③ 接地裝置　　　　　　　④ 電阻器

解析 熔絲開關，又稱斷路器（circuit breaker，簡稱 CB），用於保護電路免受過電流（過載及短路）損害的電氣安全裝置，廣泛用於工業及民生電器中，用來保護電器設備及防止火災發生。

27

（ 2 ） 下列何者不是電器火災發生的原因？
① 因電路短路引起高溫引燃
② 電流流入導體
③ 因開關起斷時所發生的火花，引燃附近的可燃物
④ 由於電荷聚集，產生靜電火花放電，引燃易燃物

解析 電器火災經消防局統計為引火火災排行第一，其發生原因通常為：電路短路、用電超載、電線折損、開關火花、靜電火花、電器旁堆放易燃物 ... 等，引發電器火災。

28

(3) 下列何者非為接地之目的？
　　①避免靜電荷之蓄積　　　②保持與大地等電位
　　③保護電器迴路避免過載　④避免人員遭受電擊

解析　選項③保護電器迴路避免過載應為保險絲之功能，接地之主要目的為下：

一、避免人員遭受電擊。

二、限制電路與大地之間電位，保持等電位。

三、導除蓄積之靜電荷。

四、以大地為導體（稱為地回環路（phantom loop））。

29

(1) 電流流經人體時，下列何者不是影響感電傷害嚴重度之直接因素？
　　①人體之身高
　　②身體之電阻
　　③電流流經身體之路徑
　　④流經身體的電流量之大小

解析　電流通過人體造成危害的嚴重程度與下列因素有關素有關：

一、流經人體的電流強度。

二、電流通過人體的持續時間。

三、電流通過人體的途徑。

四、電流的頻率。

五、人體的健康狀況人體的健康狀況。

30

（ 3 ） 人體接近特高壓電路時，雖未接觸路本體，但因空氣的絕緣被高壓電所破壞，發生火花放電，人體感應電流，此種現象稱為何？
① 放電　　　　　　　　　② 閃燃
③ 閃絡　　　　　　　　　④ 打穿

解析 在高電壓作用下，氣體或液體介質沿絕緣表面發生的破壞性放電，閃絡通道中的火花或電弧使絕緣表面局部過熱造成炭化，損壞表面絕緣的現象稱為閃絡現象（Flashover）。

3-5 | 倒塌崩塌危害預防管理實務　甲乙丙丁
（含物體飛落、被撞危害預防）

01

（ 1 ） 吊運車架空式移動起重機之構造及材質所能吊升之最大荷重為下列何者？
① 吊升荷重　　　　　　　② 積載荷重
③ 設計荷重　　　　　　　④ 額定荷重

解析 起重升降機具安全規則第 5 條

本規則所稱吊升荷重，指依固定式起重機、移動式起重機、人字臂起重桿等之構造及材質，所能吊升之最大荷重。

02

(2) 依職業安全衛生設施規則規定，堆置物料應採取繩索綑綁、護網、擋樁、限制高度或變更堆積等必要設施，並禁止作業無關人員進入該等場所，上述措施與下列何種災害之預防較沒有關係？
① 掉落　　　　　　　② 墜落
③ 崩塌　　　　　　　④ 倒塌

解析　職業安全衛生設施規則第 153 條

雇主對於搬運、堆放或處置物料，為防止倒塌、崩塌或掉落，應採取繩索捆綁、護網、擋樁、限制高度或變更堆積等必要設施，並禁止與作業無關人員進入該等場所。

03

(2) 依危險性機械及設備安全檢查規則規定，雇主對於停用超過檢查合格證有效期限 1 年以上之移動式起重機，如擬恢復使用時，應填具何種檢查申請書向檢查機構申請何種檢查？
① 竣工檢查　　　　　② 重新檢查
③ 型式檢查　　　　　④ 使用檢查

解析　危險性機械及設備安全檢查規則第 31 條

雇主對於停用超過檢查合格證有效期限 1 年以上之移動式起重機，如擬恢復使用時，應填具移動式起重機重新檢查申請書（附表十三），向檢查機構申請重新檢查。

04

(2) 為確保鋼管儲存時之安全性，下列何者有誤？
① 應使用纜索等加以適當捆紮　② 應儘可能堆高以節省空間
③ 應遠離電源　　　　　　　　④ 可加裝護套

解析　鋼管堆高可能有倒塌、崩塌危害之虞。

05

（ 3 ） 依職業安全衛生設施規則規定，使用道路作業之工作場所，為防止交通引導人員有被撞之虞，所設置之電動旗手無須使用下列何種裝備？

　　①指揮棒　　　　　　　　②顏色鮮明施工背心

　　③安全帶　　　　　　　　④安全帽

解析 職業安全衛生設施規則第 21-2 條第 1 項第 6 款

設置之交通引導人員有被撞之虞時，應於該人員前方適當距離，另設置具有顏色鮮明施工背心、安全帽及指揮棒之電動旗手。

06

（ 4 ） 依職業安全衛生設施規則規定，下列對於搭載勞工於行駛中之貨車、垃圾車或資源回收車之敘述，何者有誤？

　　①可維護搭載勞工乘坐安全之事項

　　②不得使勞工搭乘於因車輛搖動致有墜落之虞之位置

　　③勞工身體之最高部分不得超過貨車駕駛之頂部高度

　　④在貨車之物料高度超過駕駛室頂部者，勞工身體之最高部分得超過該物料之高度

解析 職業安全衛生設施規則第 157 條

雇主對搭載勞工於行駛中之貨車、垃圾車或資源回收車，應依下列規定：

一、不得使勞工搭乘於因車輛搖動致有墜落之虞之位置。

二、勞工身體之最高部分不得超過貨車駕駛室之頂部高度；載貨台之物料高度超過駕駛室頂部者，不得超過該物料之高度。

三、其他維護搭載勞工乘坐安全之事項。

（ 3 ） 依職業安全衛生設施規則規定，對於堆積於倉庫、露存場等之物料集合體之物料積垛，從事拆垛作業時，作業地點之高差多少公尺以上時，由專人確認積垛確無倒塌之危險後，始得指示作業？

① 3　　　　　　　　　　　　② 2

③ 2.5　　　　　　　　　　　④ 1.5

解析　職業安全衛生設施規則第 161 條第 2 款

雇主對於堆積於倉庫、露存場等之物料集合體之物料積垛作業，應依下列規定：

一、 如作業地點高差在 1.5 公尺以上時，應設置使從事作業之勞工能安全上下之設備。但如使用該積垛即能安全上下者，不在此限。

二、 作業地點高差在 2.5 公尺以上時，除前款規定外，並應指定專人採取下列措施：

（一） 決定作業方法及順序，並指揮作業。

（二） 檢點工具、器具，並除去不良品。

（三） 應指示通行於該作業場所之勞工有關安全事項。

（四） 從事拆垛時，應確認積垛確無倒塌之危險後，始得指示作業。

（五） 其他監督作業情形。

08

（ 1 ） 依營造安全衛生設施標準規定，當位能超過幾公斤・公尺之物件且置放於高處且有飛落之虞時，應予以固定之？
① 12
② 24
③ 60
④ 100

解析 營造安全衛生設施標準第 26 條

雇主對於置放於高處，位能超過 **12 公斤・公尺**之物件有飛落之虞者，應予以固定之。

09

（ 3 ） 依營造安全衛生設施標準規定，對於磚、瓦、管料、鋼筋、鋼材或相同及類似材料應置放於穩固、平坦之處，整齊緊靠堆置，其高度最高不得超過幾公尺？
① 1
② 1.5
③ 1.8
④ 2

解析 營造安全衛生設施標準第 35 條

雇主對於磚、瓦、木塊、管料、鋼筋、鋼材或相同及類似營建材料之堆放，應置放於穩固、平坦之處，整齊緊靠堆置，其高度**不得超過 1.8 公尺**，儲存位置鄰近開口部分時，應距離該開口部分 2 公尺以上。

10

（ 4 ） 為預防施工架倒塌，維持其穩定，對於施工架下列何者不正確？
①應有荷重限制
②應設置繫牆桿、壁連座
③設置斜撐材
④連接混凝土模板支撐

解析 營造安全衛生設施標準第 45 條

雇主為維持施工架及施工構臺之穩定，應依下列規定辦理：

一、施工架及施工構臺不得與混凝土模板支撐或其他臨時構造連接。

二、對於未能與結構體連接之施工架，應以斜撐材或其他相關設施作適當而充分之支撐。

三、施工架在適當之垂直、水平距離處與構造物妥實連接，其間隔在垂直方向以不超過 5.5 公尺，水平方向以不超過 7.5 公尺為限。但獨立而無傾倒之虞或已依第 59 條第 5 款規定辦理者，不在此限。

四、因作業需要而局部拆除繫牆桿、壁連座等連接設施時，應採取補強或其他適當安全設施，以維持穩定。

五、獨立之施工架在該架最後拆除前，至少應有 1/3 之踏腳桁不得移動，並使之與橫檔或立柱紮牢。

六、鬆動之磚、排水管、煙囪或其他不當材料，不得用以建造或支撐施工架及施工構臺。

七、施工架及施工構臺之基礎地面應平整，且夯實緊密，並襯以適當材質之墊材，以防止滑動或不均勻沈陷。

11

（ 1 ） 依營造安全衛生設施標準規定，從事露天開挖作業之開挖垂直最大深度達幾公尺以上者，應設擋土支撐？
① 1.5　　　　　　　　　　② 2
③ 3　　　　　　　　　　　④ 5

解析　營造安全衛生設施標準第 71 條

雇主僱用勞工從事露天開挖作業，其開挖垂直最大深度應妥為設計；其深度在 1.5 公尺以上，使勞工進入開挖面作業者，應設擋土支撐。但地質特殊或採取替代方法，經所僱之專任工程人員或委由相關執業技師簽認其安全性者，不在此限。

12

(2) 下列有關施工架之壁連座的設置敘述，何者不正確？
①需有足夠強度　　　　　　②考量施工效率，可同時拆除
③需與建築物緊密固定　　　④應儘量於靠近橫架處設置

解析 營造安全衛生設施標準第 45 條

雇主為維持施工架及施工構臺之穩定，應依下列規定辦理：

一、施工架及施工構臺不得與混凝土模板支撐或其他臨時構造連接。

二、對於未能與結構體連接之施工架，應以斜撐材或其他相關設施作適當而充分之支撐。

三、施工架在適當之垂直、水平距離處與構造物妥實連接，其間隔在垂直方向以不超過 5.5 公尺，水平方向以不超過 7.5 公尺為限。但獨立而無傾倒之虞或已依第 59 條第 5 款規定辦理者，不在此限。

四、因作業需要而局部拆除繫牆桿、壁連座等連接設施時，應採取補強或其他適當安全設施，以維持穩定。

五、獨立之施工架在該架最後拆除前，至少應有 1/3 之踏腳桁不得移動，並使之與橫檔或立柱紮牢。

六、鬆動之磚、排水管、煙囪或其他不當材料，不得用以建造或支撐施工架及施工構臺。

七、施工架及施工構臺之基礎地面應平整，且夯實緊密，並襯以適當材質之墊材，以防止滑動或不均勻沈陷。

13

（ 1 ） 下列何項措施對於預防臨接道路作業人員遭車輛撞擊較為有效？

①設置路障及指揮人員　　②戴安全帽

③加強整理整頓　　④加快作業速度

解析　職業安全衛生設施規則第 21-1 條

雇主對於有車輛出入、使用道路作業、鄰接道路作業或有導致交通事故之虞之工作場所，應依下列規定設置適當交通號誌、標示或柵欄：

一、交通號誌、標示應能使受警告者清晰獲知。

二、交通號誌、標示或柵欄之控制處，須指定專人負責管理。

三、新設道路或施工道路，應於通車前設置號誌、標示、柵欄、反光器、照明或燈具等設施。

四、道路因受條件限制，永久裝置改為臨時裝置時，應於限制條件終止後即時恢復。

五、使用於夜間之柵欄，應設有照明或反光片等設施。

六、信號燈應樹立在道路之右側，清晰明顯處。

七、號誌、標示或柵欄之支架應有適當強度。

八、設置號誌、標示或柵欄等設施，尚不足以警告防止交通事故時，應置交通引導人員。

14

（ 2 ） 施工架之斜籬及防護網主要是用於預防下列何種災害？

①捲夾　　②物體飛落

③墜落　　④倒崩塌

解析　營造安全衛生設施標準第 52 條

雇主構築施工架時，有鄰近結構物之周遭或跨越工作走道者，應於其下方設計斜籬及防護網等，以防止物體飛落引起災害。

15

（ 4 ） 下列何者非為固定式或移動式起重機的安全裝置？
①過負荷預防裝置 　　　　②過捲預防裝置
③防滑舌片 　　　　　　　④破裂板

解析　破裂板主要是防止鍋爐、壓力容器等設備，因內部壓力過大而損壞的一種安全裝置。

16

（ 2 ） 依起重升降機具安全規則規定，為防止使用液壓為動力之固定式起重機之油壓缸內壓力過高發生危險，應有下列何種安全裝置？
①警報裝置 　　　　　　②安全閥
③過捲預防裝置 　　　　④緊急剎車

解析　起重升降機具安全規則第 16 條
雇主對於使用液壓為動力之固定式起重機，應裝置防止該液壓過度升高之安全閥，此安全閥應調整在額定荷重（伸臂起重機為額定荷重之最大值）以下之壓力即能作用。但實施荷重試驗及安定性試驗時，不在此限。

17

（ 1 ） 下列何者隨者吊掛用鋼索之張角愈大而變大？
①張力 　　　　　　　②浮力
③扭力 　　　　　　　④重力

解析　當張角越大表示鋼索越接近水平，其水平分力越大，則鋼索之張力就越大。

18

(2) 工廠常用的天車是屬於下列何種機械？
①堆高機　　　　　　　②固定式起重機
③高空工作車　　　　　④吊籠

| 解析　工廠常用之「天車」又稱架空式起重機，屬於固定式起重機的一種。

19

(3) 下列有關於施工架上，從事高架作業之安全注意事項，何者有誤？
①穿戴安全帽　　　　　②減少工作時間
③一定要 2 個人以上共同作業　④施工架需堅固牢靠

| 解析　依據「職業安全衛生設施規則」、「營造安全衛生設施標準」及「高架
作業勞工作息時間標準」相關規定，於施工架上作業須穿戴安全帽、
施工架須堅固牢靠且減少勞工工作時間，未規定一定要 2 個人以上共
同作業。

20

(3) 下列何者非為有效防止石材板倒塌之方法？
①倚靠支撐物斜放　　　②設置擋樁
③配戴安全帽　　　　　④以繩索綑綁

| 解析　石材板屬於營建用物料，依據「職業安全衛生設施規則」第 153 條規
定，對於搬運、堆放或處置物料，為防止倒塌、崩塌或掉落，應採取
「繩索捆綁、護網、擋樁、限制高度或變更堆積」等必要設施，並禁
止與作業無關人員進入該等場所。

③配戴安全帽屬個人防護具，對於韓笠奇災害預防之骨牌理論，應從
改善不安全環境著手，可有效預防意外發生。

3-6 化學性危害預防管理實務

甲 乙 丙 丁

(含缺氧危害預防)

01

(4) 使用二氧化矽作業之勞工，如因作業環境不良，較易罹患下列何者疾病？
①白血症　　　　　　　　②多發性神經病變
③痛痛病　　　　　　　　④塵肺症

解析 塵肺症：二氧化矽固體微粒經由呼吸道進入呼吸系統中，累積在肺部而引起。

02

(3) 下列何種有害物質之特性，使勞工在進行作業時最危險？
①無味有色　　　　　　　②無色有味
③無色無味　　　　　　　④有味有色

解析 無色無味的有害物質，不易被勞工察覺，所以最危險。

03

(1) 下列何者狀態不屬於氣膠？
①氮氣　　　　　　　　　②粉塵
③燻煙　　　　　　　　　④霧滴

解析 氣膠是指固態微粒懸浮於氣體中。

04

(3) 依特定化學物質危害預防標準規定,氯氣屬於下列何類之特定化學
物質?
① 甲類　　　　　　　　　　② 丁類
③ 丙類　　　　　　　　　　④ 乙類

| **解析** 特定化學物質危害預防標準附表一,

三、丙類物質

(一)丙類第一種物質 9、氯 Cl_2 Chlorine。

05

(1) 石綿濃度之常用單位為下列何者?
① f/cc　　　　　　　　　　② %
③ ppm　　　　　　　　　　④ mg/m^3

| **解析** 勞工作業場所容許暴露標準 附表二 空氣中粉塵容許濃度

石綿於空氣中多以纖維狀存在,故空氣中濃度以纖維根數(Fiber)
為分子,體積(c.c.)為分母。

06

(1) 一般來說,下列何種無機鉻之毒性較高?
① 六價鉻　　　　　　　　　② 四價鉻
③ 三價鉻　　　　　　　　　④ 一價鉻

| **解析** 鉻金屬和三價鉻不具毒性,六價鉻具有毒性且為致癌物質。自然界
較少存在四價鉻及一價鉻。

07

(4) 依勞工作業環境監測實施辦法規定，設有中央管理方式之空氣調節設備之建築物室內作業場所，應每六個月監測二氧化碳濃度 1 次以上，如雇主辦理前述作業環境監測時，可僱用下列何種人員為之？
① 乙級物理性因子以上之作業環境監測人員
② 職業安全衛生管理員
③ 職業安全衛生管理師
④ 乙級化學性因子以上之作業環境監測人員

解析 勞工作業環境監測實施辦法第 11 條

雇主實施作業環境監測時，應設置或委託監測機構辦理。但監測項目屬物理性因子或得以直讀式儀器有效監測之下列化學性因子者，得僱用乙級以上之監測人員或委由執業之工礦衛生技師辦理：

一、二氧化碳。

二、二硫化碳。

三、二氯聯苯胺及其鹽類。

四、次乙亞胺。

五、二異氰酸甲苯。

六、硫化氫。

七、汞及其無機化合物。

八、其他經中央主管機關指定公告者。

08

(4) 依勞工作業場所容許暴露標準規定，空氣中二氧化碳之容許暴露濃度為多少 ppm ？
① 500　　　　　　　　② 5
③ 50　　　　　　　　④ 5000

解析 勞工作業場所容許暴露標準 附表一 空氣中有害物容許濃度（69）

二氧化碳容許濃度 5000 ppm。

09

（ 2 ） 最不可能影響物質被人體攝食、吸收程度之物質特性為下列何者？
①物質分子的大小　　　　　②物質的酸鹼性
③物質的脂溶性　　　　　　④物質的水溶解度

| 解析　物質的酸鹼性與被人體攝食吸收程度最無關。

10

（ 4 ） 假設分別暴露於鉛及砷所造成之個別危害總和，與同時暴露二者後共同造成之危害相同，此現象係屬於下列何者作用？
①拮抗作用　　　　　　　　②協同作用
③相減作用　　　　　　　　④相加作用

| 解析　拮抗作用：某些物質具有抑制作用物吸收其它物質的作用。

協同作用：兩種或兩種以上的物質經相互混合後，其效果大於每一種物質單獨起到的作用效果的現象。

相加作用：同時暴露所造成之危害，與分別暴露後各自所造成之危害總和相同。

11

（ 4 ） 下列何種係有機溶劑蒸氣最可能進入人體之途徑？
①皮膚接觸　　　　　　　　②飲食
③眼睛接觸　　　　　　　　④呼吸

| 解析　有機溶劑具有揮發性，會揮發成氣體，循呼吸道進入人體。

12

(1) 多環芳香烴（PAHs）之暴露來源非為下列何者？
①銲錫 ②吸入汽機車廢氣
③吃燒烤食物 ④燒稻草

解析 多環芳香烴（PAHs）主要來源為有機物的燃燒，選項中銲錫為加熱錫，僅會產生金屬燻煙。

13

(1) 電鍍作業易使勞工鼻中膈穿孔，係因其經常暴露於下列何種形態之鉻所造成？
①霧滴 ②粉塵
③煙霧 ④燻煙

解析 鍍鉻作業時不管在陽極產生的氧氣，或同時在陰極產生的氫氣，這些大量的氣體必須排出電鍍槽，氣體由電極處形成氣泡，氣泡由電極處上昇至鍍槽的液面，由於壓力降低，使得氣泡變大，特別是比較深的鍍槽，氣泡將變得非常大。氣泡在液面破裂，可能將鍍液激濺出來，形成懸浮於空氣中的霧滴，再經由勞工暴露造成勞工鼻中膈穿孔。

14

(3) 下列何種係有害物最可能進入人體之途徑？
①眼睛接觸 ②食入
③呼吸道吸入 ④皮膚接觸

解析 有害物蒸發或揮發在空氣中，藉由呼吸道進入人體，不易察覺且直接進入血液中，故危害最大。

15

(1) 依粉塵危害預防標準規定，於室內將水泥、飛灰或粉狀礦石、碳原料、鋁或二氧化鈦袋裝之處所，必須設有下列何種設備？
①局部排氣裝置 　　　　　　　②自然換氣設備
③整體換氣設備 　　　　　　　④空調系統

解析 依粉塵危害預防標準 附表一 乙欄第 9 款，於室內將水泥、飛灰或粉狀礦石、碳原料、鋁或二氧化鈦袋裝之處所屬於特定粉塵發生源，須設置局部排氣裝置。

16

(3) 下列何種係電焊燻煙最主要之人體暴露途徑？
①眼睛黏膜接觸吸收 　　　　　②誤食
③呼吸作用吸入 　　　　　　　④皮膚接觸吸收

解析 金屬燻煙屬於粒狀汙染物，為懸浮在空氣中之微小金屬粒子，會藉由呼吸作用進入人體，對工作者造成危害。

17

(2) 下列何者為鋅錠加熱後之蒸氣在空氣中氧化後之狀態，並危害勞工？
①粉塵 　　　　　　　　　　　②燻煙
③霧滴 　　　　　　　　　　　④纖維

解析 粒狀污染物分以下幾種：

粉塵：由機械等物理力產生之固體微粒。

霧滴：由機械力形成懸浮於空氣中的微小液滴。

燻煙：金屬蒸氣凝結而成之固體微粒。

18

(1) 下列何者物質具有化學窒息性？
① 一氧化碳 　　　　　　　② 正己醇
③ 1,1,1,- 三氯乙烷 　　　　④ 石綿

解析 一氧化碳對血紅素的親和力是氧氣之 200 至 250 倍，故血紅素與一氧化碳結合後成為一氧化碳血紅素，而排斥與氧結合。

19

(1) 下列何者係單純窒息性物質？
① 甲烷 　　　　　　　　　② 一氧化碳
③ 氰化氫 　　　　　　　　④ 硫化氫

解析 單純窒息性物質又稱物理窒息性物質，係指由於其的存在使空氣中氧含量降低，導致人體缺氧窒息的物質。如：甲烷、二氧化碳…等。

20

(3) 含鉛顏料之製造工廠的成品，經乾燥後再粉碎之作業易使勞工暴露於下列何種形態之鉛？
① 燻煙 　　　　　　　　　② 霧滴
③ 粉塵 　　　　　　　　　④ 煙霧

解析 粒狀（固態）污染物分以下幾種：
粉塵：由機械等物理力產生之固體微粒。
霧滴：由機械力形成懸浮於空氣中的微小液滴。
燻煙：金屬蒸氣凝結而成之固體微粒。

21

（ 3 ） 人體吸入一氧化碳後，一氧化碳進入血液中將與下列何者結合？
①淋巴球　　　　　　　　②白血球
③血紅素　　　　　　　　④血小板

解析　一氧化碳對血紅素的親和力是氧氣之 200 至 250 倍，故血紅素與一氧化碳結合後成為一氧化碳血紅素，而排斥與氧結合。

22

（ 1 ） 下列何種物質特性為氯乙烯單體所具備？
①致肝癌物質　　　　　　②腐蝕性物質
③惰性物質　　　　　　　④致肺纖維化物質

解析　氯乙烯單體屬於致肝癌性物質。

23

（ 4 ） 下列何者可能受四氯化碳之危害？
①呼吸系統　　　　　　　②血液系統
③骨骼　　　　　　　　　④肝、腎

解析　四氯化碳中毒第 2 至 4 天呈現肝、腎損害徵象，嚴重時出現腹水、急性肝壞死和腎功能衰竭。

24

（ 4 ） 暴露於下列何種危害因子容易造成氯痤瘡？
①過氯酸　　　　　　　　②氯乙烯
③氯苯　　　　　　　　　④多氯聯苯

解析　氯痤瘡（Chloracne）係由氯、氯酚和多氯聯苯等導致的痤瘡，也有因戴奧辛引發的病例。

25

（ 2 ） 下列何者症狀與金屬燻煙熱類似？
①鉛中毒　　　　　　　　②感冒
③中暑　　　　　　　　　④腕隧道症候群

解析 金屬燻煙熱的主要症狀為頭痛、發燒、乾咳、疲倦、肌肉痠痛、畏寒盜汗，噁心嘔吐等。

26

（ 2 ） 依職業安全衛生設施規則規定，下列何者非屬局限空間危害防止計畫應訂定之事項？
①氧氣及有害氣體濃度測定　　②危害性化學品標示及通識措施
③通風換氣實施方式　　　　　④進入作業許可程序

解析 依據職業安全衛生設施規則第 29-1 規定，使勞工於局限空間從事作業前，應先確認該局限空間內有無可能引起勞工缺氧、中毒、感電、塌陷、被夾、被捲及火災、爆炸等危害，有危害之虞者，應訂定危害防止計畫，該計畫應依作業可能引起之危害訂定下列事項：

一、局限空間內危害之確認。

二、局限空間內氧氣、危險物、有害物濃度之測定。

三、通風換氣實施方式。

四、電能、高溫、低溫與危害物質之隔離措施及缺氧、中毒、感電、塌陷、被夾、被捲等危害防止措施。

五、作業方法及安全管制作法。

六、進入作業許可程序。

七、提供之測定儀器、通風換氣、防護與救援設備之檢點及維護方法。

八、作業控制設施及作業安全檢點方法。

九、緊急應變處置措施。

選項②為危害性化學品一般管理措施。

27

(4) 對於進出不易之局限空間場所作業，未實施通風換氣時，作業人員以配戴下列何種防護具較佳？
① 防毒面具
② 醫療用口罩
③ N95 口罩
④ 供氣式呼吸防護具（Supplied Air Respirator，SAR）

解析 對於進出不易之局限空間場所作業，未實施通風換氣時，該作業存在中毒、缺氧風險，故需提供供氣式呼吸防護具，確保勞工不致發生缺氧。選項①②③皆為淨氣式呼吸防護具（Air Purifying Respirator，APR）。

28

(4) 依危害性化學品標示及通識規則規定，氧化性固體之危害圖示符號為何？
① 火焰　　　　　　　　　② 炸彈爆炸
③ 骷顱頭與二根交叉骨　　④ 圓圈上一團火焰

解析 氧化性固體之危害圖示符號為圓圈上一團火焰。

29

(1) 使用大量氮氣於製程作業時，應注意氮氣外洩而造成下列何種危害？
① 缺氧　　　　　　　　　② 火災
③ 爆炸　　　　　　　　　④ 中毒

解析 缺氧係指指空氣中氧氣濃度未滿 18% 之狀態，氮氣屬為惰性氣體，大量外洩時將置換掉空氣，使氧氣濃度降低造成缺氧危害。

30

(1) 造成金屬煙燻熱之主要暴露途徑為下列何者？
① 吸入　　　　　　　　　② 食入
③ 注射　　　　　　　　　④ 皮膚接觸

解析 金屬燻煙熱顧名思義，意指在「吸入」燻煙後出現類似感冒的發燒畏寒、痠痛疲倦或咳嗽等症狀。

31

(4) 依危害性化學品標示及通識規則規定，危害物質必要標示內容，不包括下列何者？
① 危害成分　　　　　　　② 警示語
③ 危害警告訊息　　　　　④ 重量百分比

解析 依危害性化學品標示及通識規則第 5 條第 1 項規定如下

雇主對裝有危害性化學品之容器，應依附表一規定之分類及標示要項，參照附表二之格式明顯標示下列事項，所用文字以中文為主，必要時並輔以作業勞工所能瞭解之外文：

一、危害圖式。

二、內容：

（一）名稱。

（二）危害成分。

（三）警示語。

（四）危害警告訊息。

（五）危害防範措施。

（六）製造者、輸入者或供應者之名稱、地址及電話。

3-7 物理性危害預防管理實務 甲 乙 丙 丁

01

(1) 對游離輻射而言，下列何種材料之屏蔽效果最好？
① 鉛　　　　　　　　　　② 鋼
③ 鐵　　　　　　　　　　④ 石頭

解析　鉛是目前已知屏蔽效果最好的金屬材料。

02

(2) 下列何者為人體受熱後最有效之降低熱蓄積方式？
① 飲食　　　　　　　　　② 出汗
③ 增加血液流速　　　　　④ 不要移動

解析　流汗的散熱機制是藉由水分蒸發之潛熱帶走體表的熱量，是人體最有效的散熱機制。

03

(3) 下列何種危害係由於搬運化學品鋼瓶時不慎翻倒，碰觸腳部受傷？
① 生物性危害　　　　　　② 化學性危害
③ 物理性危害　　　　　　④ 人因工程危害

解析　捲夾、挫傷、壓傷是由於物理力導致的結果，屬於物理性危害。

04

(4) 下列何種狀況係由於處於無法散發熱量的環境中，造成身體的核心體溫升高超過 40.5°C，皮膚乾且熱，同時中樞神經的功能出現障礙，有危及生命的狀況？
① 熱痙攣　　　　　　　　② 熱衰竭
③ 熱中風　　　　　　　　④ 熱中暑

解析　中暑發生的原因及症狀：身體的核心體溫升高超過 40.5°C 導致中樞神經的功能出現障礙，會有危及生命的狀況。

05

(1) 累積性肌肉骨骼傷害較不容易由下列何者造成？
① 低作業頻率　　　　　　② 不自然的姿勢
③ 長時間作業　　　　　　④ 重覆性作業

解析　造成累積性肌肉骨骼傷害：

姿勢不良、過度施力及作業頻率過高等。

06

(1) 體外輻射防護的三原則不包括下列何者？
① 照明　　　　　　　　　② 距離
③ 屏蔽　　　　　　　　　④ 時間

解析　體外輻射防護三原則：

拉長輻射源距離、增加屏蔽層數、縮短暴露時間。

07

(4) 下列何種作業長期從事後，可能導致罹患潛涵症、減壓症或潛水伕病等異常氣壓疾病？
① 游離輻射作業　　　　　② 浮潛作業
③ 低溫作業　　　　　　　④ 潛盾施工法之高壓室內作業

解析 潛涵症、減壓症或潛水伕病等異常氣壓疾病的發生，通常是在較高的周圍壓力，改換到較低的周圍壓力時所引發，如潛盾施工法之高壓室內作業等。

08

(1) 依職業安全衛生設施規則規定，當勞工工作場所之機械設備所產生之聲音音壓級為 95 dBA，則其工作日 8 小時容許暴露時間最長為幾小時？
① 4　　　　　　　　　　② 1
③ 2　　　　　　　　　　④ 3

解析 職業安全衛生設施規則第 300 條

雇主對於發生噪音之工作場所，應依下列規定辦理：

一、勞工工作場所因機械設備所發生之聲音超過 90 分貝時，雇主應採取工程控制、減少勞工噪音暴露時間，使勞工噪音暴露工作日 8 小時日時量平均不超過（一）表列之規定值或相當之劑量值，且任何時間不得暴露於峰值超過 140 分貝之衝擊性噪音或 115 分貝之連續性噪音；對於勞工 8 小時日時量平均音壓級超過 85 分貝或暴露劑量超過 50% 時，雇主應使勞工戴用有效之耳塞、耳罩等防音防護具。

（一）勞工暴露之噪音音壓級及其工作日容許暴露時間如下列對照表：

工作日容許暴露時間（小時）	A權噪音音壓級
8	90
6	92
4	**95**
3	97
2	100
1	105
1/2	110
1/4	115

(二) 勞工工作日暴露於二種以上之連續性或間歇性音壓級之噪音時，其暴露劑量之計算方法為：

$$\frac{\text{第一種噪音音壓級之暴露時間}}{\text{該噪音音壓級對應容許暴露時間}} + \frac{\text{第二種噪音音壓級之暴露時間}}{\text{該噪音音壓級對應容許暴露時間}} + \cdots\cdots =$$

其和大於 1 時，即屬超出容許暴露劑量。

(三) 測定勞工 8 小時日時量平均音壓級時，應將 80 分貝以上之噪音以增加 5 分貝降低容許暴露時間一半之方式納入計算。

二、工作場所之傳動馬達、球磨機、空氣鑽等產生強烈噪音之機械，應予以適當隔離，並與一般工作場所分開為原則。

三、發生強烈振動及噪音之機械應採消音、密閉、振動隔離或使用緩衝阻尼、慣性塊、吸音材料等，以降低噪音之發生。

四、噪音超過 90 分貝之工作場所，應標示並公告噪音危害之預防事項，使勞工周知。

09

(1) 游離輻射會導致各式各樣的癌症，下列何種輻射屬非游離輻射？
① 可見光　　　　　　　　　② β 粒子
③ 中子粒子　　　　　　　　④ X 射線

解析　游離輻射包含：α 射線（α 粒子）、β 射線（β 粒子）、中子等高能粒子流與 γ 射線、X 射線等高能電磁波。

10

（ 3 ） 防止搬運事故的一般原則不包括下列何者？
　　①以機動車輛搬運　　　　　　②以機械代替人力
　　③儘量增加搬運距離　　　　　　④採取適當之搬運方法

解析　儘量增加搬運距離會造成累積性肌肉骨骼傷害之人因性危害，應縮短搬運距離。

11

（ 3 ） 下列有關人體對噪音頻率的敏感度，何者正確？
　　①對低頻噪音較敏感　　　　　　②對高低頻噪音較敏感相同
　　③對高頻噪音較敏感　　　　　　④與噪音頻率無關

解析　人體對於高頻噪音較為敏感，容易聽力損失之範圍位於 4K~6K Hz。

12

（ 3 ） 進行勞工於作業場所之噪音暴露測定時，測定儀器應設定為下列何種權衡電網？
　　① C 權衡電網　　　　　　　② D 權衡電網
　　③ A 權衡電網　　　　　　　④ B 權衡電網

解析　依職業安全衛生設施規則第 300 條第 1 項第 1 目之規定，勞工暴露之噪音音壓級及其工作日容許暴露時間對照表可得知，應以 **A** 權衡電網測定。

13

（ 3 ） 下列何處為較佳之手推車搬運物料之裝載重心？
　　①上部　　　　　　　　　　　②中部
　　③下部　　　　　　　　　　　④任意部位

解析　物料裝載之重心越低，可增加手推車之平穩度。

14

（ 1 ） 熱環境所導致之急性危害不包括下列何者症狀？
① 白指病　　　　　　　　　② 中暑
③ 失水　　　　　　　　　　④ 熱衰竭

| **解析**　白指病是因長時間操作動力手工具而暴露過多振動所造成的危害。

15

（ 2 ） 為防止於高溫爐前作業之輻射熱危害，宜使用下列何者保護手部？
① 棉紗手套　　　　　　　　② 隔熱手套
③ 橡膠手套　　　　　　　　④ 塑膠手套

| **解析**　隔熱手套較能有效的防止輻射熱及保護手部。

16

（ 1 ） 遮光防護具可防止下列何者所引起之眼睛傷害？
① 電弧熔接熔斷之有害光線　② 磨床產生微細粉塵
③ 切削產生之切屑　　　　　④ 處置溶劑之飛沫

| **解析**　因電弧熔接熔斷之有害光線會造成眼睛之傷害，所以需採用遮光防護具。

17

（ 3 ） 下列何種機具設備在操作上較不易產生局部的振動源？
① 鏈鋸　　　　　　　　　　② 破碎機
③ 簡易型捲揚機　　　　　　④ 氣動手工具

| **解析**　鏈鋸、破碎機與氣動手工具等機械，在操作時都會產生局部振動。

（ 1 ） 人體暴露於全身振動時，可能使人產生頭痛、頭暈、噁心、嘔吐、
感覺不舒服等暈車症狀，有可能係因為傳至人體之振動與身體不同
之部位產生共振現象，其中頭部之自然頻率為多少 **Hz** ？
　　① 4.5 ～ 9　　　　　　　　② 45 ～ 90
　　③ 450 ～ 900　　　　　　　④ 4500 ～ 9000

│解析　依全身垂直振動引起的腰椎椎間盤突出職業疾病認定參考指引，頭部對頻率（Hertz, Hz）**4.5~9 Hz** 之共振最敏感，其他如喉部（12~18 Hz）、胸腔 （5~7 Hz）、腹部（4.5~9 Hz）及其他器官產生不同共振。

19

（ 3 ） 下列何者影響係由於光源的位置在作業者前面而造成之？
　　①在螢幕產生眩光　　　　　②產生較大的對比
　　③產生直接眩光　　　　　　④無影響

│解析　直接眩光（**Direct glare**）：由視野內的光源直接引起。
反射眩光（Reflected glare）：視野內物體表面的反射光而引起。

（ 1 ） 下列何者影響係由於光源的位置在作業者後面而造成之？
　　①在螢幕產生眩光　　　　　②產生較大的對比
　　③產生直接眩光　　　　　　④無影響

│解析　直接眩光（Direct glare）：由視野內的光源直接引起。
反射眩光（**Reflected glare**）：視野內物體表面的反射光而引起。

3

一般行業管理實務‧物理性危害預防管理實務

21

（ 1 ）　使用人力搬運時，應儘量利用身體之何部位提舉物件？
　　　　①腿肌　　　　　　　　　②腰部
　　　　③腹部　　　　　　　　　④背肌

解析　人之腿部肌肉屬於較大塊之肌肉群，可較手部肌肉出力許多，應儘
　　　　量利用腿部進行搬運。

22

（ 1 ）　應優先確認下列何者才能使用防塵眼鏡？
　　　　①鏡片有否裂傷破損　　　②遮光度是否適當
　　　　③可否防止氣體侵入　　　④可否遮斷輻射熱

解析　使用防塵眼鏡前，應先確認其鏡片是否有裂傷、破損再使用，較可
　　　　保護眼部。

23

（ 2 ）　發生白指病或白手病係導因於長期從事下列何種作業之危害？
　　　　①異常氣壓　　　　　　　②振動作業
　　　　③有機溶劑作業　　　　　④受黴菌汙染之作業

解析　白指病（Vibration-induced White Finger, VWF）或稱雷諾氏症（Raynaud's
　　　　syndrome），也叫作雷諾現象（Raynaud phenomenon），通常為勞工
　　　　於作業場所中因振動引起健康疑慮，如常用的機械包括研磨機、鑽
　　　　孔機、壓實機等，振動會經由手部、手腕和手臂影響人體上肢小血
　　　　管、神經、肌肉和關節，造成末梢循環機能、中樞及末梢神經機能
　　　　或肌肉骨骼等傷害。

24

（ 2 ） 齒輪與齒條之傳動裝置，較易造成下列何種危害？
　　① 被撞　　　　　　　　　② 被夾、被捲
　　③ 物體飛落　　　　　　　④ 被壓

解析　傳動裝置係指傳動功率到各零件或機構的裝置系統，其中齒輪與齒條接合處，因有間隙，較易造成「被夾、被捲」。

25

（ 1 ） 下列何種器官會因近紫外光照射而造成傷害？
　　① 眼睛　　　　　　　　　② 神經
　　③ 小腸　　　　　　　　　④ 肝臟

解析　近紫外光照射眼睛容易傷害角膜、水晶體等部分造成傷害。

3-8 職場健康管理實務 甲 乙 丙 丁
（含生物病原體及身心健康危害預防）

01

（ 1 ） 下列何者非雇主應要求醫護人員辦理之臨場服務？
　　① 提供健康檢查資料以作為開除員工之依據
　　② 協助規劃健康促進業務
　　③ 職業衛生之研究
　　④ 預防接種

解析　勞工健康保護規則第 10 條
　　雇主應使醫護人員及勞工健康服務相關人員臨場服務辦理下列事項：

一、勞工體格（健康）檢查結果之分析與評估、健康管理及資料保存。

二、協助雇主選配勞工從事適當之工作。

三、辦理健康檢查結果異常者之追蹤管理及健康指導。

四、辦理未滿 18 歲勞工、有母性健康危害之虞之勞工、職業傷病勞工與職業健康相關高風險勞工之評估及個案管理。

五、職業衛生或職業健康之相關研究報告及傷害、疾病紀錄之保存。

六、勞工之健康教育、衛生指導、身心健康保護、健康促進等措施之策劃及實施。

七、工作相關傷病之預防、健康諮詢與急救及緊急處置。

八、定期向雇主報告及勞工健康服務之建議。

九、其他經中央主管機關指定公告者。

02

（ 3 ）　依勞工健康保護規則之規定，某勞工於今年實施一般健康檢查時 38 歲，如持續從事相同作業，其下次應實施一般健康檢查是幾歲？

① 65　　　　　　　　　　② 40

③ 41　　　　　　　　　　④ 43

解析　勞工健康保護規則第 15 條

雇主對在職勞工，應依下列規定，定期實施一般健康檢查：

一、年滿 65 歲者，每年檢查 1 次。

二、40 歲以上未滿 65 歲者，每 3 年檢查 1 次。

三、未滿 40 歲者，每 5 年檢查 1 次。

該勞工滿 40 歲時，應每 3 年檢查 1 次一般健康檢查，其前次檢查為 2 年前（38 歲），故再 1 年後（41 歲）應再次實施一般健康檢查。

03

（ 1 ） 企業選用新進人員時，可以下列何項健康檢查作為適用依據？
　　①體格檢查　　　　　　　②特殊健康檢查
　　③健康檢查　　　　　　　④企業健康檢查

| **解析**　職業安全衛生法第 21 條

雇主依前條體格檢查發現應僱勞工不適於從事某種工作，不得僱用其從事該項工作。

04

（ 4 ） 下列何者非屬職場健康促進活動中推行之健康生活範圍？
　　①體重管理　　　　　　　②菸害防制
　　③營養指導　　　　　　　④無障礙設施

| **解析**　無障礙設施屬於友善職場環境的範疇。

05

（ 4 ） 下列何處受損係感音性聽力損失主要原因？
　　①外耳　　　　　　　　　②中耳
　　③耳殼　　　　　　　　　④內耳

| **解析**　傳音性聽力損失：主要是由於外耳及中耳受損導致；感音性聽力損失主要是因為內耳受損導致。

06

（ 1 ） 依菸害防制法規定，全面禁菸適用於幾人以上共用之室內工作場所？
　　① 3　　　　　　　　　　② 2
　　③ 1　　　　　　　　　　④ 4

│ 解析 菸害防制法第 15 條

下列場所全面禁止吸菸：

一、高級中等學校以下學校及其他供兒童及少年教育或活動為主要目的之場所。

二、大專校院、圖書館、博物館、美術館及其他文化或社會教育機構所在之室內場所。

三、醫療機構、護理機構、其他醫事機構及社會福利機構所在場所。但老人福利機構於設有獨立空調及獨立隔間之室內吸菸室，或其室外場所，不在此限。

四、政府機關及公營事業機構所在之室內場所。

五、大眾運輸工具、計程車、遊覽車、捷運系統、車站及旅客等候室。

六、製造、儲存或販賣易燃易爆物品之場所。

七、金融機構、郵局及電信事業之營業場所。

八、供室內體育、運動或健身之場所。

九、教室、圖書室、實驗室、表演廳、禮堂、展覽室、會議廳（室）及電梯廂內。

十、歌劇院、電影院、視聽歌唱業或資訊休閒業及其他供公眾休閒娛樂之室內場所。

十一、旅館、商場、餐飲店或其他供公眾消費之室內場所。但於該場所內設有獨立空調及獨立隔間之室內吸菸室、半戶外開放空間之餐飲場所、雪茄館、下午 9 時以後開始營業且 18 歲以上始能進入之酒吧、視聽歌唱場所，不在此限。

十二、3 人以上共用之室內工作場所。

十三、其他供公共使用之室內場所及經各級主管機關公告指定之場所及交通工具。

前項所定場所，應於所有入口處設置明顯禁菸標示，並不得供應與吸菸有關之器物。

第 1 項第 3 款及第 11 款但書之室內吸菸室；其面積、設施及設置辦法，由中央主管機關定之。

07

(1) 職業疾病診斷所考量之因素通常不包括下列何者？
①通勤時間　　　　　　　②危害暴露
③時序性　　　　　　　　④家族病史

│解析　職業病診斷考量的因素：

1. 疾病的證據。

2. 職業暴露的證據。

3. 暴露與發病有時序性。

4. 符合人類流行病學的證據。

5. 排除其他可能致病因素（如生活習慣、家族病史）。

08

(1) 勞工從事下列何項作業不用實施特殊體格檢查？
①衝剪作業　　　　　　　②粉塵作業
③異常氣壓作業　　　　　④高溫作業

│解析　職業安全衛生法第 20 條：

雇主於僱用勞工時，應施行體格檢查；對在職勞工應施行下列健康檢查：

一、一般健康檢查。

二、從事特別危害健康作業者之特殊健康檢查。

三、經中央主管機關指定為特定對象及特定項目之健康檢查。

職業安全衛生法施行細則第 28 條

本法第 20 條第 1 項第 2 款所稱特別危害健康作業，指下列作業：

一、高溫作業。

二、噪音作業。

三、游離輻射作業。

四、異常氣壓作業。

五、鉛作業。

六、四烷基鉛作業。

七、粉塵作業。

八、有機溶劑作業，經中央主管機關指定者。

九、製造、處置或使用特定化學物質之作業，經中央主管機關指定者。

十、黃磷之製造、處置或使用作業。

十一、聯啶或巴拉刈之製造作業。

十二、其他經中央主管機關指定公告之作業。

09

（　3　）　下列何者為體格檢查之最主要目的？
①防止體弱人員進入工作　　②應付法令之規定
③篩選人員調配適當工作　　④研判是否該退休

解析　職業安全衛生法第 21 條

雇主依前條體格檢查發現應僱勞工不適於從事某種工作，不得僱用其從事該項工作。

10

（　2　）　依勞工健康保護規則規定，從事苯作業勞工之特殊健康查紀錄最少應保存少年？
① 10　　　　　　② 30
③ 20　　　　　　④ 40

解析　勞工健康保護規則第 18 條

從事下列作業之各項特殊體格（健康）檢查紀錄，應至少保存 30 年：

一、游離輻射。

二、粉塵。

三、三氯乙烯及四氯乙烯。

四、聯苯胺與其鹽類、4-胺基聯苯及其鹽類、4-硝基聯苯及其鹽類、β-萘胺及其鹽類、二氯聯苯胺及其鹽類及α-萘胺及其鹽類。

五、鈹及其化合物。

六、氯乙烯。

七、苯。

八、鉻酸與其鹽類、重鉻酸及其鹽類。

九、砷及其化合物。

十、鎳及其化合物。

十一、1,3-丁二烯。

十二、甲醛。

十三、銦及其化合物。

十四、石綿。

11

（ 2 ） 依勞工健康保護規則規定，哪一級管理係指特殊健康檢查或健康追蹤檢查結果，部分或全部項目異常，經醫師綜合判定為異常，而無法確定此異常與工作之相關性，應進一步請職業醫學科專科醫師評估者？

① 2 　　　　　　　　　② 3

③ 4 　　　　　　　　　④ 1

解析 勞工健康保護規則第 19 條

雇主使勞工從事第 2 條規定之特別危害健康作業時，應建立健康管理資料，並將其定期實施之特殊健康檢查，依下列規定分級實施健康管理：

一、第一級管理：特殊健康檢查或健康追蹤檢查結果，全部項目正常，或 部分項目異常，而經醫師綜合判定為無異常者。

二、第二級管理：特殊健康檢查或健康追蹤檢查結果，部分或全部項目異常，經醫師綜合判定為異常，而與工作無關者。

三、第三級管理：特殊健康檢查或健康追蹤檢查結果，部分或全部項目異常，經醫師綜合判定為異常，而無法確定此異常與工作之相關性，應進一步請職業醫學科專科醫師評估者。

四、第四級管理：特殊健康檢查或健康追蹤檢查結果，部分或全部項目異常，經醫師綜合判定為異常，且與工作有關者。

前項所定健康管理，屬於第二級管理以上者，應由醫師註明其不適宜從事之作業與其他應處理及注意事項；屬於第三級管理或第四級管理者，並應由醫師註明臨床診斷。

雇主對於第 1 項所定第二級管理者，應提供勞工個人健康指導；第三級管理者，應請職業醫學科專科醫師實施健康追蹤檢查，必要時應實施疑似工作相關疾病之現場評估，且應依評估結果重新分級，並將分級結果及採行措施依中央主管機關公告之方式通報；屬於第四級管理者，經醫師評估現場仍有工作危害因子之暴露者，應採取危害控制及相關管理措施。

前項健康追蹤檢查紀錄，依前 2 條規定辦理。

12

（ 4 ）世界衛生組織所提出之健康促進行動綱領總共分為幾大項目？
　① 2　　　　　　　　　　　② 3
　③ 4　　　　　　　　　　　④ 5

解析　渥太華五大行動綱領（The Ottawa Charter）：

（一）建立健康的公共政策（Build Healthy Public Policy）。

（二）創造支持性環境（Create Supportive Environments）。

（三）強化社區行動力（Strengthen Community Actions）。

（四）發展個人技巧（Develop Personal Skills）。

（五）調整健康服務方向（Reorient Health Services）。

13

（ 1 ）目前衛生福利部國民健康署建議的成人身體質量指數（BMI）正常範圍之上限為何？

① 24　　　　　　　　　　② 27

③ 30　　　　　　　　　　④ 35

解析　依衛生福利部國民健康署建議，我國成人 BMI 應維持在 18.5（kg/m^2）及 **24**（kg/m^2）之間，太瘦、過重或太胖皆有礙健康。

14

（ 4 ）下列何者屬身體質量指數（BMI）之計算公式之參數？

①總膽固醇　　　　　　　②腰圍

③臀圍　　　　　　　　　④體重

解析　BMI 值計算公式：BMI ＝體重（公斤）/ 身高^2（公尺^2）

15

（ 2 ）下列有關愛滋病之敘述，何者有誤？

①臺灣地區愛滋病毒感染人數，每年不斷的在增加

②使用保險套時，可以用嬰兒油做潤滑劑

③感染愛滋病毒的女性，若有哺乳，則可能將愛滋病毒傳染給小孩

④性交時，接觸到帶有病毒的血液、精液、陰道分泌物，都有可能感染愛滋病

解析　依食藥署提醒，大多數保險套屬乳膠材質，若使用油性的潤滑劑包含嬰兒油、護膚乳、按摩精油等，可能會造成保險套的破裂，因此仍建議使用水性的潤滑劑。

16

(1)　下列關於手術口罩之敘述，何者正確？

①有色那一面一律朝外

②有色那一面一律朝內

③呼吸道患者應使有色那一面朝外，不是患者就使有色那一面朝內

④有色那一面朝內朝外皆適宜

解析　依國健署建議，佩戴外科手術口罩應將有顏色面的防潑水層朝外，防潑水層（撥水材質）是設計用來防止血液、體液及其他潛在性感染物質因潑濺而穿透，中間層是不織布層，用來過濾懸浮微粒，最內層是臉部親合層及支持整個口罩的結構，整體需通過 ISO 生物相容性檢測。因此若反著戴，防潑水層接觸皮膚，容易造成皮膚不舒適，且不會增加過濾效果。

17

(1)　下列何項措施較能產生戒菸誘因，達到職場菸害防制之目的？

①透過健康風險評估提高勞工健康認知

②門診戒菸轉介

③無菸職場宣導

④開設戒菸課程或戒菸班

解析　透過健康風險評估配合相關的教育訓練，可以提高勞工的健康認知，並能順利的推行相關菸害防制措施。

18

(2)　肺部纖維化較有可能是吸入下列何者導致？

①鉛　　　　　　　　　　②游離二氧化矽

③氧化鐵　　　　　　　　④石膏

| 解析 結晶型游離二氧化矽之化學特性穩定，溶解度低，進入肺部便不易排出而沈積在肺組織內，長期吸入可造成持續進行性且不可逆的肺纖維化症，即矽肺症。

19

(1) 職場健康促進與推廣之主要概念為下列何者？
　　①預防　　　　　　　　②治療
　　③投藥　　　　　　　　④工程控制

| 解析 預防勝於治療，職場健康促進與推廣的主要概念為預防。

20

(3) 依勞工健康保護規則規定，雇主對勞工實施特殊健康檢查，其結果報告書不需要報請或副知事業單位所在地之何種機關？
　　①衛生所　　　　　　　②勞動檢查機構
　　③衛生主管機關　　　　④勞工主管機關

| 解析 本題為舊法規，勞工健康保護規則已於 105 年修正發布， 基於職業安全衛生法第 20 條已明定辦理勞工體格及健康檢查之醫療機構，應依規定通報健康檢查結果，且勞動部職業安全衛生署已建置全國勞工健康檢查資料庫，並於 105 年 1 月正式通報，為避免事業單位重複通報，爰刪除雇主將特殊健康檢查等結果報請勞工及衛生主管機關備查之規定。

21

(2) 勞工長期使用高錳成分焊條作業，有可能造成下列何種職業病？
　　①皮膚病　　　　　　　②巴金森氏症
　　③白指病　　　　　　　④熱衰竭

| 解析 高濃度錳的急性暴露有皮膚及黏膜的刺激，高錳酸鉀對黏膜、皮膚及眼睛有腐蝕性，惟題目為「長期」使用高錳成分焊條作業，參照

職安署職業暴露錳及其化合物引起之中毒認定參考指引，慢性暴露的部分，中樞神經系統則會因為吸入錳的煙塵或霧滴可能導致腦病變及錳症（manganism）——是一種類似巴金森氏症的症狀而有神經精神方面的表現。

22

（ 3 ）　依勞工健康保護規則規定，雇主僱用勞工時，應實施一般體格檢查，下列何者為非規定之檢查項目？
①胸部 X 光（大片）攝影檢查
②既往病例及作業經歷之調查
③心電圖檢查
④血色素及白血球數檢查

解析　依據勞工健康保護規則第 16 條，僱用勞工時，應依附表九所定之檢查項目實施一般體格檢查。

體格檢查項目如下：

一、作業經歷、既往病史、生活習慣及自覺症狀之調查。

二、身高、體重、腰圍、視力、辨色力、聽力、血壓與身體各系統或部位之身體檢查及問診。

三、胸部 X 光（大片）攝影檢查。

四、尿蛋白及尿潛血之檢查。

五、血色素及白血球數檢查。

六、血糖、血清丙胺酸轉胺酶（ALT）、肌酸酐（creatinine）、膽固醇、三酸甘油酯、高密度脂蛋白膽固醇之檢查。

七、其他經中央主管機關指定之檢查。

心電圖檢查項目為高溫作業、異常氣壓作業及二氧化碳作業類別表定之檢查項目。

23

（ ２ ） 依據職業安全衛生法相關規定，下列何者非雇主不得使分娩後未滿一年之女性勞工從事之危險或有害性工作？
①礦坑工作
②噪音工作
③一定重量以上之重物處理工作
④鉛及其化合物散布場所之工作

| **解析** 職業安全衛生法第 30 條第 2 項

雇主不得使分娩後未滿一年之女性勞工從事下列危險性或有害性工作：

一、礦坑工作。

二、鉛及其化合物散布場所之工作。

三、鑿岩機及其他有顯著振動之工作。

四、一定重量以上之重物處理工作。

五、其他經中央主管機關規定之危險性或有害性之工作。

24

（ １ ） 下列哪種食物不是人體之纖維質來源？
①白吐司 ②高麗菜
③白蘿蔔 ④青江菜

| **解析** 白吐司之成分纖維質之含量極低。

25

（ １ ） 勞工健康保護規則中之特別危害健康作業不包含下列何者？
①高架作業 ②高溫作業
③異常氣壓作業 ④游離輻射作業

| **解析** 「高架作業」屬於「特殊危害作業」，而非「特別危害健康作業」。

3-9　職業災害調查處理與統計

甲 乙 丙 丁

01

(1)　發生重大職業災害時，何者負有報告檢查機構之責任？
①雇主　　　　　　　　　②警察
③消防人員　　　　　　　④領班

解析　職業安全衛生法第 37 條

事業單位工作場所發生職業災害，雇主應即採取必要之急救、搶救等措施，並會同勞工代表實施調查、分析及作成紀錄。

事業單位勞動場所發生下列職業災害之一者，雇主應於 8 小時內通報勞動檢查機構：

一、發生死亡災害。

二、發生災害之罹災人數在 3 人以上。

三、發生災害之罹災人數在 1 人以上，且需住院治療。

四、其他經中央主管機關指定公告之災害。

02

(4)　傷害頻率 FR 與傷害嚴重率 SR 相乘之積除以多少數值後，再開平方根為總和傷害指數？
① 10,000　　　　　　　② 10
③ 100　　　　　　　　④ 1,000

解析　總和傷害指數 (FSR) $= \sqrt{\dfrac{FR \times SR}{1000}}$。

（ 4 ）　如發生工作場所之死亡職業災害，雇主不應有下列何者作為？

①實施調查、分析　　　　　②必要搶救

③必要急救　　　　　　　　④馬上復原現場，並加以隔離

解析　職業安全衛生法第 37 條

事業單位工作場所發生職業災害，雇主應即採取必要之急救、搶救等措施，並會同勞工代表實施調查、分析及作成紀錄。

事業單位勞動場所發生下列職業災害之一者，雇主應於 8 小時內通報勞動檢查機構：

一、發生死亡災害。

二、發生災害之罹災人數在 3 人以上。

三、發生災害之罹災人數在 1 人以上，且需住院治療。

四、其他經中央主管機關指定公告之災害。

勞動檢查機構接獲前項報告後，應就工作場所發生死亡或重傷之災害派員檢查。

事業單位發生第 2 項之災害，除必要之急救、搶救外，雇主非經司法機關或勞動檢查機構許可，不得移動或破壞現場。

（ 2 ）　某常日班勞工上午因工作受傷，中午開始請公傷假，隔天上午即恢復上班，則此事故是否為職業災害？

①視受傷嚴重度　　　　　　②是

③視勞工是否提出申請　　　④否

解析　職業安全衛生法第 2 條第 5 款

職業災害：指因勞動場所之建築物、機械、設備、原料、材料、化學品、氣體、蒸氣、粉塵等或作業活動及其他職業上原因引起之工作者疾病、傷害、失能或死亡。

05

（ 4 ）　某常日班勞工上午因工作受傷，中午開始請公傷假，48 小時後，後
天下午恢復上班，則此勞工缺席天數之工資應如何處理？
①領半薪　　　　　　　　　②領兩倍薪
③不領薪　　　　　　　　　④領全薪

解析　勞動基準法第 59 條

勞工因遭遇職業災害而致死亡、失能、傷害或疾病時，雇主應依下
列規定予以補償。但如同一事故，依勞工保險條例或其他法令規
定，已由雇主支付費用補償者，雇主得予以抵充之：

一、勞工受傷或罹患職業病時，雇主應補償其必需之醫療費用。職
　　業病之種類及其醫療範圍，依勞工保險條例有關之規定。

二、勞工在醫療中不能工作時，雇主應按其原領工資數額予以補
　　償。但醫療期間屆滿 2 年仍未能痊癒，經指定之醫院診斷、審
　　定為喪失原有工作能力，且不合第 3 款之失能給付標準者，雇
　　主得一次給付 40 個月之平均工資後，免除此項工資補償責任。

06

（ 3 ）　某工廠僱有勞工 180 名，其總經歷工時為 1,000,000，期間共發生
10 日失能傷害損失日數，則失能傷害嚴重率（SR）為下列何者？
① 30　　　　　　　　　　② 2
③ 10　　　　　　　　　　④ 40

解析　$SR = (10/1000000) \times 10^6 = 10$。

07

（ 1 ） **暫時全失能於職業災害統計中之定義為下列何者？**
① 暫時不能恢復工作 1 日以上　　② 輕傷害
③ 部分永久全失能　　　　　　　④ 死亡

│解析 依職業災害統計網路填報系統所載：

死亡：係指因職業災害致使勞工喪失生命而言，不論罹災至死亡時間之長短。

永久全失能：係指除死亡外之任何足使罹災者造成永久全失能，或在一次事故中損失下列各項之一，或失去其機能者：

1. 雙目；

2. 一隻眼睛及一隻手，或手臂或腿或足。

3. 不同肢中之任何下列兩種：手、臂、足或腿。

永久部分失能：係指除死亡及永久全失能以外之任何足以造成肢體之任何一部分完全失去，或失去其機能者。不論該受傷之肢體或損傷身體機能之事前有無任何失能。

下列各項不能列為永久部分失能：

1. 可醫好之小腸疝氣。

2. 損失手指甲或足趾甲。

3. 僅損失指尖。而不傷及骨節者。

4. 損失牙齒。

5. 體形破相。

6. 不影響身體運動之扭傷或挫傷。

7. 手指及足趾之簡單破裂及受傷部分之正常機能不致因破裂傷害而造成機障或受到影響者。

暫時全失能：係指罹災人未死亡，亦未永久失能。但不能繼續其正常工作，必須休班離開工作場所，損失時間在 1 日（含）以上（包括星期日、休假日或事業單位停工日），暫時不能恢復工作者。

08

（ 2 ） 下列何者職災原因係包含護欄強度不足造成人員墜落？
① 不可避免的災害　　　　　② 不安全的環境
③ 天然災害　　　　　　　　④ 不安全的行為

｜解析　護欄強度不足屬於不安全狀態（環境）。

09

（ 4 ） 調查處理職業災害時，危險物品混合存放之不安全動作會造成下列
何者情況？
① 使安全裝置失效　　　　　② 安全措施不履行
③ 定點存放　　　　　　　　④ 製造危險之狀態

｜解析　危險物品混合存放可能會造成危險之狀態發生。

10

（ 4 ） 職業災害調查處理中，下列何者非關災害原因之調查步驟？
① 掌握災害狀況　　　　　　② 發現問題點
③ 根本問題點　　　　　　　④ 評價

｜解析　職業災害調查處理步驟：

1. 掌握災害狀況。

2. 發現問題。

3. 決定根本問題點。

4. 樹立對策。

11

(2) 職業災害統計中，下列有關失能傷害頻率計算公式之敘述何者正確？

① 失能傷害人次數乘以 10^6 乘以總經歷工時

② 失能傷害人次數乘以 10^6 除以總經歷工時

③ 總損失日數乘以 10^6 乘以總經歷工時

④ 總損失日數乘以 10^6 除以總經歷工時

| 解析 失能傷害頻率（FR）＝（失能傷害總人次數 / 總歷經工時）× 10^6；取到小數點以下第 2 位，後面無條件捨去。

(2) 勞工在發生某次職業傷害後，一手指被截斷，失去原有機能，此情況依規定為下列何種職業傷害類型？

① 永久全失能　　　　　　② 永久部分失能

③ 暫時全失能　　　　　　④ 輕傷害事故

| 解析 永久部分失能指除死亡及永久全失能以外的任何足以造成肢體之任何一部分完全失去，或失去其機能者。不論該受傷者之肢體或損傷身體機能之事前有無任何失能。

(2) 若食指第二骨節截斷之傷害損失日數為 **200** 日，某位勞工在事故後，食指的中骨節發生機能損失，經醫生證明有 **50%** 的僵直，則該名勞工之傷害損失日數為多少日？

① 50　　　　　　　　　② 100

③ 150　　　　　　　　　④ 200

| 解析 傷害損失日數＝ 200 日 ×50％＝ 100 日。

14

（ 4 ）　依國家標準（**CNS**），勞工因工作傷害雙目失明之損失日數為多少日？

① 3,000　　　　　　　　② 4,000

③ 5,000　　　　　　　　④ 6,000

解析　死亡與永久全失能皆以 **6,000** 天損失日數計算。

永久全失能係指任何足使罹災者造成永久全失能，或在一次事故中損失下列之一情形，或失去其機能者：

(1) 雙目。

(2) 一隻眼睛及一隻手，或手臂或腿或足。

(3) 不同肢體中之任何下列兩種：手、臂、足或腿。

15

（ 1 ）　損失日數在多少日以上者為暫時失能傷害？

① 1　　　　　　　　② 2

③ 3　　　　　　　　④ 4

解析　暫時全失能係指罹災人未死亡亦未永久失能，但不能繼續其正常工作，必須離開工作場所，損失工作時間在 **1** 日以上（包括星期天、休假日或事業單位停工日），暫時不能恢復工作者。

16

（ 3 ）　我國失能傷害嚴重率係指每多少經歷工作時數所發生之失能傷害所損失總日數？

①一萬　　　　　　　　②十萬

③百萬　　　　　　　　④千萬

解析　失能傷害嚴重率係指每百萬總經歷工時之失能傷害損失日數。

17

(1) 永久部分失能非為下列何者？
　　①損失牙齒　　　　　　　②一隻眼睛失能
　　③一隻手臂失能　　　　　④一隻小腿截斷

解析　永久部分失能指除死亡永久全失能以外的任何足以造成肢體之任何
一部分完全失去，或失去其機能者。不論該受傷者之肢體或損傷身
體機能之事前有無任何失能。

18

(2) 某勞工站立於斜靠牆壁面上之移動梯，欲刮除 5 公尺高壁面之附
土，由於鏟子作用於壁面之反作用力，致使該勞工身體向後翻倒墜
地死亡，請問該災害之媒介物係下列何者？
　　①連續壁　　　　　　　　②移動梯
　　③鏟子　　　　　　　　　④地面

解析　媒介物：包括能量與有害物質的來源，依我國職業災害統計月報之
「媒介物分類表」分為八項。

加害物：直接造成災害的物稱之為加害物，大多數災害之媒介物就
是加害物。

該事故係由於勞工居於高處墜落而亡，勞工因使用移動梯靠牆才產
生重力位能，故移動梯為該案之媒介物。

19

(2) 勞工因感電而發生墜落災害，屬於何種職業災害類型？
　　①墜落　　　　　　　　　②感電
　　③不慎　　　　　　　　　④交通意外

解析　發生墜落時，其災害類型為造成墜落之原因，若無其他原因造成墜
落，才能判定為墜落。

20

（ 4 ）　勞工進入 9 公尺深人孔後因缺氧而死亡，在職業災害調查分析時，缺氧屬下列何種原因？
　　　①間接原因　　　　　　　　　②基本原因
　　　③長期原因　　　　　　　　　④直接原因

解析　職業災害原因分類說明如下：

一、直接原因：能量或有害物或危險物等。

二、間接原因：通常指不安全狀態 / 環境或不安全動作 / 行為。

三、基本原因：係指安全管理缺陷、錯誤的安全文化、政策、決心及個人因素及環境缺陷。

21

（ 4 ）　達成失能傷害頻率在 0.13 以下，是職業安全衛生管理計畫中之哪一項？
　　　①預定進度　　　　　　　　　②實施細目
　　　③基本方針　　　　　　　　　④計畫目標

解析　失能傷害頻率屬於被動式安全衛生績效，藉由訂定具體目標，檢視安全衛生績效之執行情形，屬於職業安全衛生管理計畫中之計畫目標。

22

（ 4 ）　某工廠有工人 200 名，總經歷工時為 1,000,000，共發生 2 次失能傷害事故，則失能傷害頻率（FR）為下列何者？
　　　① 1.00　　　　　　　　　　② 3.00
　　　③ 4.00　　　　　　　　　　④ 2.00

解析　失能傷害頻率（FR）＝（失能傷害總人次數 / 總歷經工時）$\times 10^6$；取到小數點以下第 2 位，後面無條件捨去（2/1000000）$\times 10^6 = 2.00$

23

(2) 下列何種工作不易接觸到虎頭蜂？
① 空調裝修業工作者 　　　② 工廠環測人員
③ 田野調查人員 　　　　　④ 園藝業工作者

解析　蜂巢常見於樹枝、灌叢、室內牆角、樹洞，故選項①③④工作者較容易接近虎頭蜂棲息範圍。

24

(3) 為防止設備的不安全狀況與人員不安全行為所造成之災害，應對下列何者採取適當對策或措施？
① 設備優先 　　　　　　　② 人員或設備擇一
③ 人員及設備皆要 　　　　④ 人員優先

解析　為防止設備的不安全狀況（設備等環境）與人員不安全行為所造成之災害，需針對人員及設備採取適當對策或措施。

25

(1) 下列何者非職業災害發生的基本原因？
① 未提供安全設備 　　　　② 安全衛生管理不善
③ 危害認知不足 　　　　　④ 承攬商管理不良

解析　選項①未提供安全設備為職業災害發生的間接原因。

職安一點通｜職業安全衛生業務主管必勝 500 精選｜一般業甲乙丙丁種適用(第二版)

作　　　者：蕭中剛 / 張嘉峰 / 許曉鋒 / 王韋傑
企劃編輯：郭季柔
文字編輯：江雅鈴
設計裝幀：張寶莉
發 行 人：廖文良

發 行 所：碁峰資訊股份有限公司
地　　　址：台北市南港區三重路 66 號 7 樓之 6
電　　　話：(02)2788-2408
傳　　　真：(02)8192-4433
網　　　站：www.gotop.com.tw
書　　　號：ACR010731
版　　　次：2023 年 11 月二版
建議售價：NT$300

國家圖書館出版品預行編目資料

職安一點通：職業安全衛生業務主管必勝 500 精選(一般業甲乙
　丙丁種適用) / 蕭中剛, 張嘉峰, 許曉鋒, 王韋傑著. -- 二版.
　-- 臺北市：碁峰資訊, 2023.11
　　面；　　公分
　ISBN 978-626-324-682-9(平裝)
　1.CST：工業安全　2.CST：職業衛生
555.56　　　　　　　　　　　　　　　　　112018695